中国禅丛书

# 五心修养

◎悟义 著

中国社会科学出版社

# 图书在版编目（CIP）数据

五心修养/悟义著. —北京：中国社会科学出版社，2018.4（2018.6重印）
（中国禅丛书）
ISBN 978 – 7 – 5203 – 2086 – 3

Ⅰ.①五… Ⅱ.①悟… Ⅲ.①禅宗 Ⅳ.①B946.5

中国版本图书馆 CIP 数据核字（2018）第 029674 号

| | |
|---|---|
| 出 版 人 | 赵剑英 |
| 责任编辑 | 王 茵　孙 萍 |
| 插　　画 | 雪山博士 |
| 特约编辑 | 灵 川　灵 禧　灵 和　灵 慧 |
| 责任校对 | 崔芝妹 |
| 责任印制 | 王 超 |
| 装帧设计 | 天 月 |
| 特约策划 | 茶密学堂 |

| | |
|---|---|
| 出　　版 | 中国社会科学出版社 |
| 社　　址 | 北京鼓楼西大街甲 158 号 |
| 邮　　编 | 100720 |
| 网　　址 | http://www.csspw.cn |
| 发 行 部 | 010 – 84083685 |
| 门 市 部 | 010 – 84029450 |
| 经　　销 | 新华书店及其他书店 |

| | |
|---|---|
| 印刷装订 | 北京君升印刷有限公司 |
| 版　　次 | 2018 年 4 月第 1 版 |
| 印　　次 | 2018 年 6 月第 2 次印刷 |

| | |
|---|---|
| 开　　本 | 787×1092　1/16 |
| 印　　张 | 20.25 |
| 字　　数 | 247 千字 |
| 定　　价 | 68.00 元 |

凡购买中国社会科学出版社图书，如有质量问题请与本社营销中心联系调换
电话：010 – 84083683
**版权所有　侵权必究**

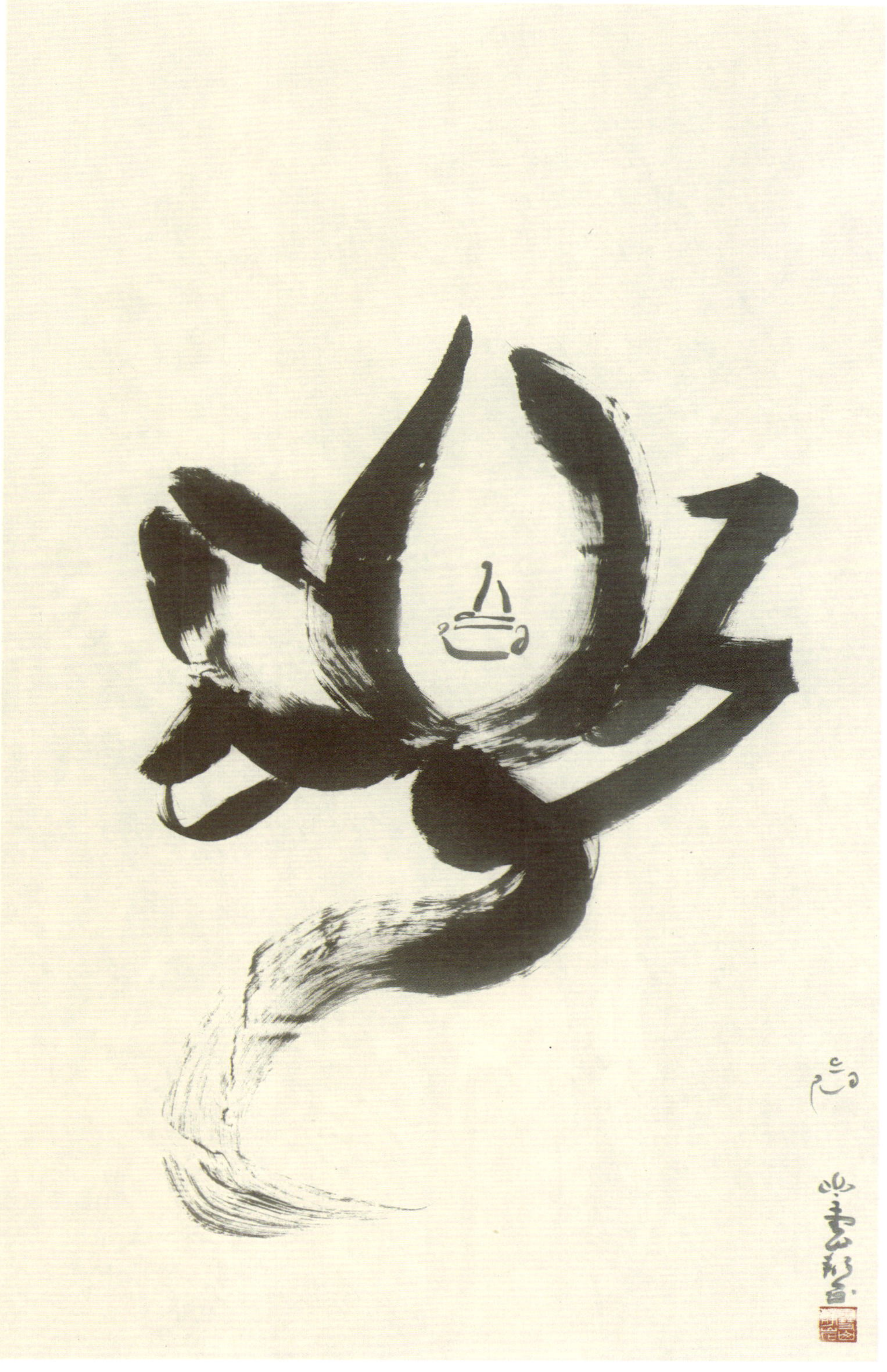

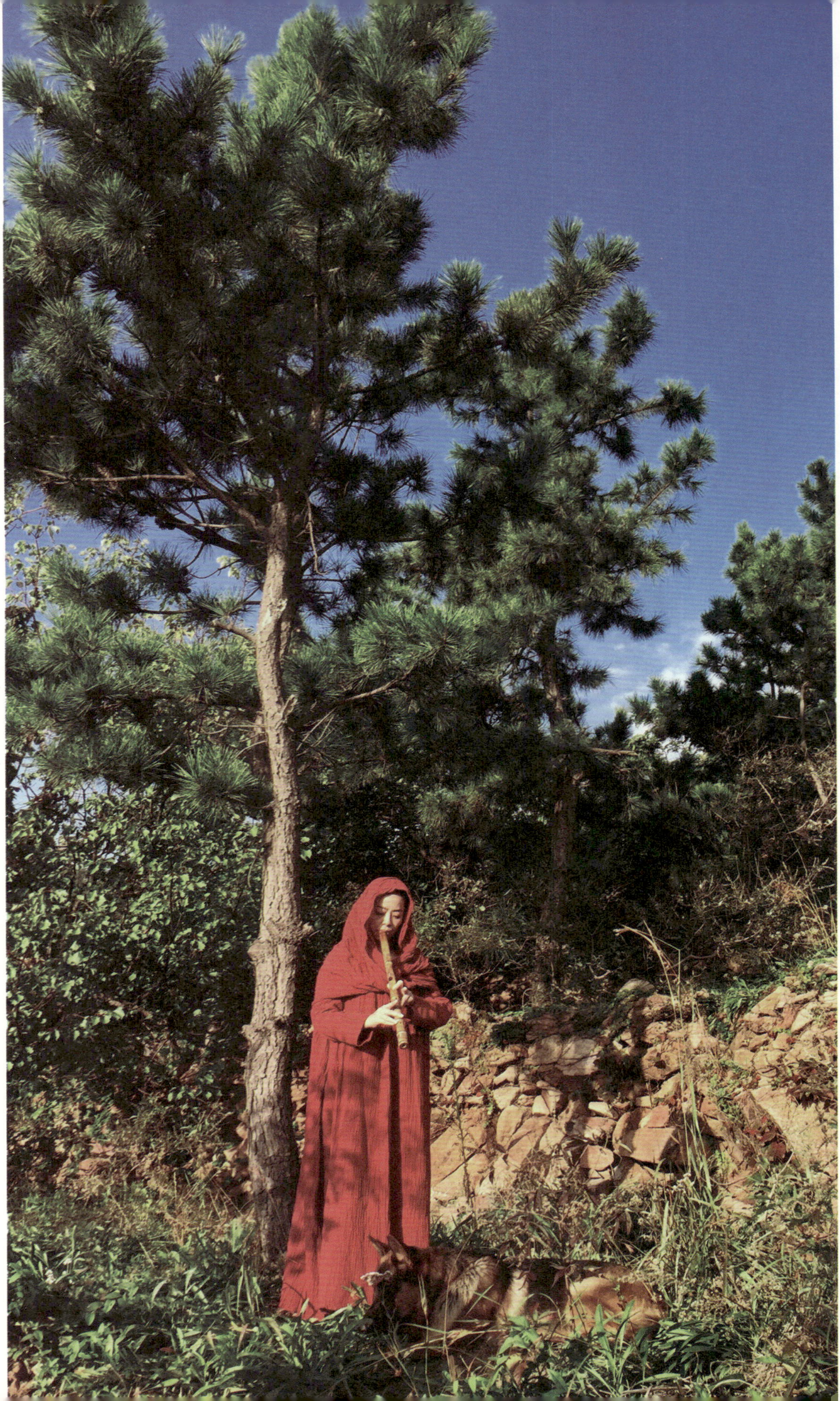

# 禅者悟义

中国禅修养传承者及实践者。

## 主要著作

禅养生系列:《茶密人生》《茶密功夫》

禅文化系列:《茶密禅心》《禅者的秘密·饮食》《禅者的秘密·禅茶》

禅与生命系列:《本能》《生存》《禅》

禅修系列:《莲花导引》《莲花太极》(上、下册)《禅舍》《五心修养》

禅艺系列:《雪山静岩不二禅画释义》《不二禅颂》

禅法系列:《中国禅》《至宝坛经》(上、下册)

禅画美学系列:《高明中庸 修身为本》

"中国禅"讲座系列:《禅问》

《道德经玄机》(上、下册)

"北大、复旦生活禅智慧"讲座光盘

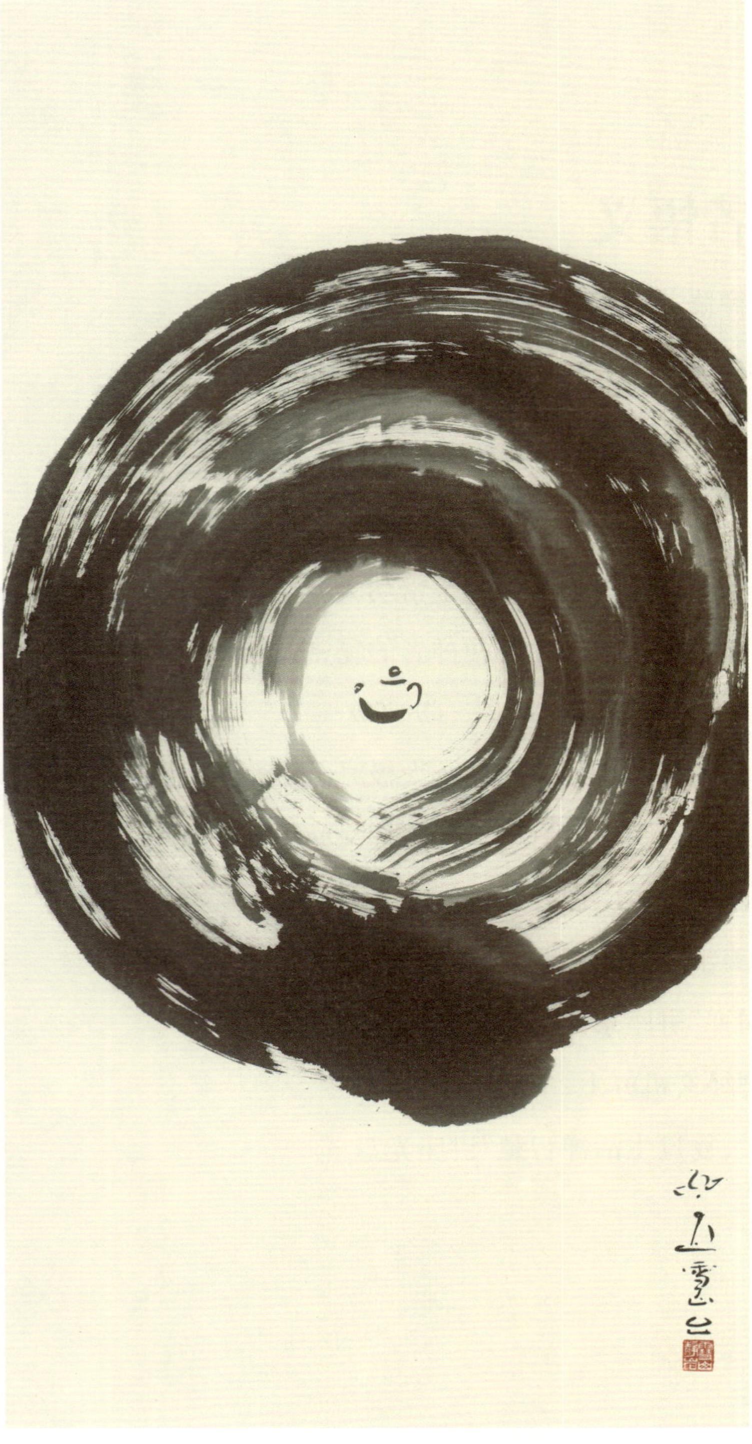

目录

# 目录

001 导言

## 修炼篇

053 一 五心修养功法概述
053 （一）五心分类
055 （二）五心禅舍
058 （三）步骤
065 （四）修养前准备
076 （五）注意要点
083 二 五心修养导引行功
083 （一）地心修养
123 （二）水心修养
131 （三）火心修养
139 （四）风心修养
147 （五）空心修养

## 问答篇

159 一 "五心修养"对比其他修养法有什么特点
167 二 六根清净有先后高低吗
179 三 "五心修养"调息时为什么意念要先集中在肚脐

| | | |
|---|---|---|
| 185 | 四 | 观画、听音、熏面、品丸、导引、坐禅时如何无念无念又怎么观想 |
| 193 | 五 | "五心修养"里每一心的禅画都不同，这有什么内涵 |
| 197 | 六 | 修者耳根修养时听音的作用和平时听音乐有什么不同 |
| 203 | 七 | 鼻根修养有什么重要性 |
| 211 | 八 | 怎么理解"宇宙即我，我即宇宙" |
| 221 | 九 | 静坐和坐禅含义一样吗 |
| 231 | 十 | 精进修炼能帮助人提高能量吗提高能量时人会发光吗 |
| 239 | 十一 | 六根清净后，还有五蕴、六根否 |
| 245 | 十二 | 什么是顺逆 |
| 253 | 十三 | 什么是无碍 |
| 259 | 十四 | 什么是禅意调息 |
| 271 | 十五 | 为什么初修者一定要来道场在家修不行吗 |
| 285 | 十六 | 实践出真知，还是实践出真情 |

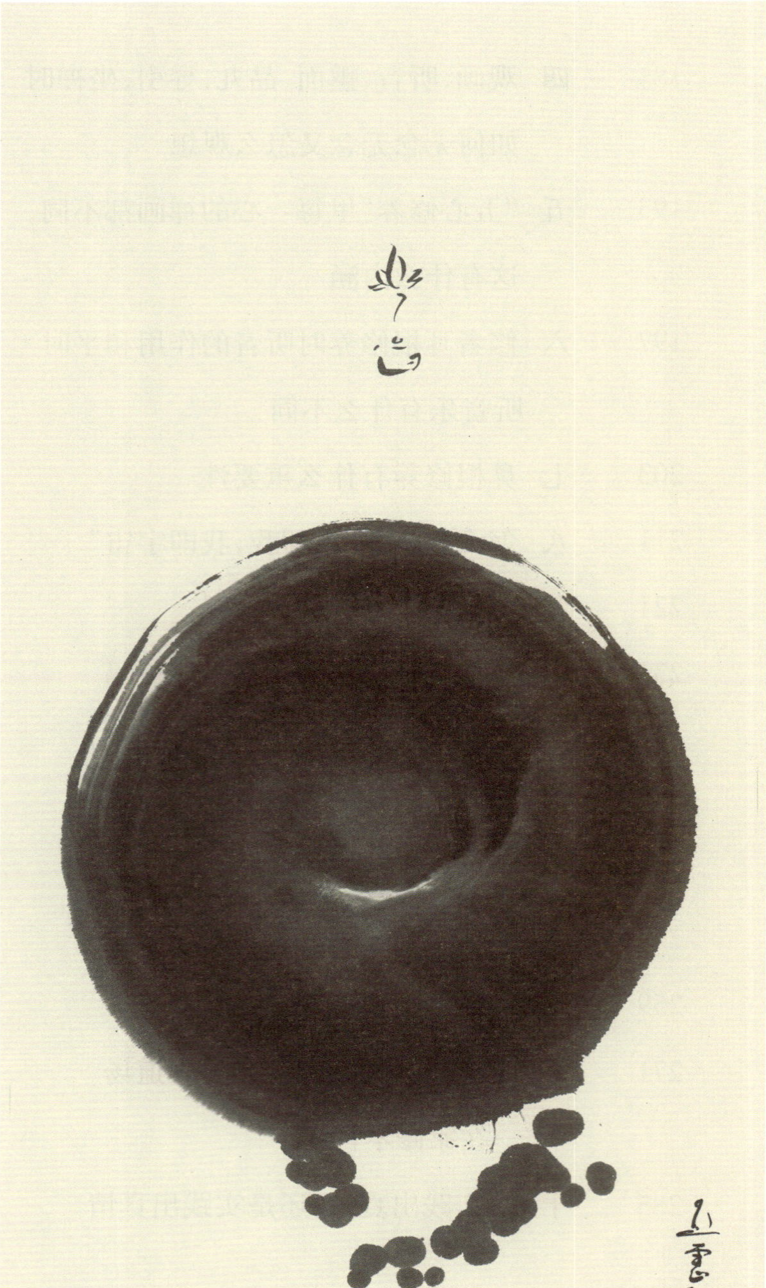

# 导言

禅者颂
# 道场

天一圆,地一相,
身在异处梦铿锵,
离梦是故乡。

日一光,月一光,
念念聒碎心痴狂,
人间是道场。

## 壹

那呼啸而至的暴风何在？

那荡气回肠的激情何在？

那劈开天际的雷电何在？

那摧枯拉朽的帝国何在？

历史何在？

思想何在？

萧萧易水何在？

生生不息何在？

人，何在？

……

公元前800年至公元前200年，人类文明史上涌现出一批非凡的智者，在中国，有以老子、孔子为代表人物的诸子百家；在印度，有释迦牟尼佛、大雄马哈维亚等；在波斯，有查拉图斯特拉等；在耶路撒冷，有诸希伯来先知：阿摩司、杰里迈亚、以赛亚等；在希腊，有毕达哥拉斯以及苏格拉底、柏拉图和亚里士多德徒孙三人等。

一时之间,仿佛全人类的智者都相继出现,然而仔细观察,却能发现其中的不同。以中国来说,当时中国的情况和希腊、伊斯兰、耶路撒冷、印度有区别。中国传统思想的代表是儒家、道家,这是对中国古老思想的继承,可以说是在继承和发扬先圣的思想上,进一步根据时代需要而发挥作用,孔子曰"述而不作"也,老子的《道德经》中阐述的思想同样也没有脱开《易》,虽然和《易》论证的角度有所不同,但可谓相得益彰,互为唱和,故此,这些不能算新思想。

《易》是当之无愧的中国思想源头,成于儒、道未分之际。

《易》的核心思想是"神无方而易无体","神"不是上帝、神灵,"方"是方所、方位,无方就是没有位置。"神"是宇宙生命,宇宙生命无所在,也无所不在。

中国传统思想向来以《易》为准则,周流不拘。乾卦讲"一爻初动",宇宙的第一动从哪里来?便是"神无方"。这也是为什么中国社会几千年来没有像西方世界一样宗教盛行的原因,《易》的思想不认为有造物主主宰世界,宇宙生命"无方"。

"易无体",是无住、无相、无体,故无为而无不为,此即"道"也,没有固定的、不拘的、不变的、永恒的宇宙法则。万事万物万有变化无穷。故此,中国传统思想强调的是"通",从人的角度讲叫"通才",从天地的角度讲叫"合一",不是西方人的"专"。

"神无方",故人能通过修炼有通神之能,能通过修炼有神通之用,《易经》之用在占卜,但"善易者不卜"。古人占卜是预知天命、契合天机、修正自身、体会变化的,不是用来算命、看风水的。

《易经》的精神在于使得人能恢复"感而遂通"的本能，不是天道幽微难测，而是人心乱象纷呈，皆被不能活用的知识、斤斤计较的利益所覆盖，故不得通神。孔子、老子行教化的目的，乃是如何使民众的本性得以解放、得以活泼。解放了、活泼了自然能通神，能感而遂通，能测天道幽微。但如何解放？如何活泼？便在于修身养性，虚其心思，清明无虑，为道日减，契合初心，此时自能体认阴阳变化之理，而恢复感而遂通的能力。

《易经》体现了中华民族"生于忧患，死于安乐"的气息，此气息始于周文王。文王演《易》时，拘于羑里，生死一线，此时，何身为亲？荣华何在？不难分明，遂推演之，弃绝戏论，狂心顿歇，冷静缜密。

《易》难解，老子著《道德经》明之，二书如日月交替，恒照不灭，《易》依阴阳变数以观天地万物，依仁智以观人事，吾心常守而运势无定在。善易者不惑于红尘，如《易》言"天地不与圣人同忧"，老子亦言"天地不仁"。身处乱世，不躁动而浠乱，能寂然不为所动者是"觉者"。

天地有形，乾坤无形，天地充实，乾坤空虚，乾坤无一物，却能支配天地万物。有形体的有生有灭，无形体的自在无碍，中华民族传统思想的源头在《易》，而《易》不就是"观自在"法吗？

如何能"观自在"？"乾施坤受"也，随缘自在，随机应变。乾有为，有意志；而坤无为，无意志。乾有创造的冲动和能量，坤乃有厚德载物的柔软和顺受，逆来顺受才是端正受命，天地万物不以人的意志为转移，人皆喜顺，"逆"才是"道之动"，人皆喜强，唯有"弱"才为"道之用"。

《周易》和《老子》在论证"道"的角度上各有所重。例如在宇宙生成论上，《易传》讲"易有太极，是生两仪，两仪生四象，四象生八卦"。而《老子》

讲"道生一,一生二,二生三,万物负阴而抱阳,冲气以为和。""两仪"虽指"阴阳",但此阴阳为特定所致的阴阳二气,而老子所言阴阳,是指万事万物万有中内部既对立又统一的两种力量。

在纵浪大化的应对变化上,《周易》和《老子》论述的角度不同,《易传》讲"唯变不变,必然要变",而《老子》认为"既然要变,何必去变"。《易传》是直面大化的,属阳,宇宙大化生成过程为一不断丰富、不断递嬗的过程,故赞许大化中变革的意义,而老子则在反省大化,认为人类社会在欲望不断增加中会不断自我矛盾,因对立冲突所困扰,最后自我肢解,走向堕落,所以以"慈、俭、不敢为天下先"为三宝,属阴。

回头再来看儒家,《周易》对儒家的形成和对孔子本人的影响是直接且巨大的,以至于孔子晚年作《易传》,《易》的思想是孔子宣"仁"的本体。

《易传》从崭新的角度,也就是"气化流行"来论"性命"。"大哉乾元,万物资始,乃统天……乾道变化,合正性命。"也就是说,万物的本性合于气化,而气化流行的主导力量为乾阳,乾阳以"生"为德,"生"的活力即体现为"仁",故,君子以"仁"为价值观才符合宇宙本体意志。

而放眼无论是印度的释迦牟尼佛,还是希腊诸师,他们的思想在当时都属于反传统的新思想。而对中国而言,这个阶段产生的思想不能算文明的开端,而是文明的延续。春秋战国是礼崩乐坏的时代,天下无道,故圣人出焉。

当然此时不仅中国遭遇历史转型的困境和社会普遍的礼崩乐坏,各个文明同时都遇到了类似的问题,各地的精神导师为此开出了不同的药方,给予民众关怀,当然也随之产生了新的宗教。

中华文明一直是向内求索，老子、孔子虽角度不同，但皆从个人修养入手，倡仁义，说无为，以人为本，以信立身，从这个角度讲，印度的释迦牟尼佛亦是，他于婆罗门不平等的社会环境下，发出"人人皆有佛性"的呼喊，倡导众生皆可通过修行而化除妄想和执著，成为觉者，这是佛法和中国传统思想的共同点，也是为什么佛法最终能在中国生根发芽的核心所在。

佛法讲世事无常，不可执著，一切众生如能和本性相应，就是觉者，即成佛，这个道理说起来简单，真正理解却没那么容易。因为人说什么也不肯放下执念，摆脱自己横加给自己的束缚，无论现在的际遇如何，是在享乐中还是在苦恼里，都少有人愿意割舍，几乎都枉费心机地寄希望于未来和侥幸。

知易行难，从自身的枷锁里解脱的关键不是明白道理，而是能否付诸行动，即佛法的"修行"、儒家的"修身"、道家的"修炼"。

"修"这个概念，就是对内突破，西方人几乎没有这一说。

总有人误以为圣人们写的经典是理论知识，所以自己在家读读看看就可以了，以禅法为例，自己在家读禅书，不仅不容易理解禅门祖师本意，恰恰相反，学的是"我"，会更加自我，而非解"禅"。没有找到正法团队、进入知行合一的修行，自己在家读几本书就能成就的人，古往今来甚为罕见。

我们从儒家来看，"三纲八目"是儒家的认识论、方法论和政治论核心，君子必以"格物、致知、诚意、正心"来修身，故云："自天子以至于庶人，一是皆以修身为本。"不修身的人何谈齐家、治国、平天下呢？这是不可分离的修养体系，如果缺失了修身，儒家就落入了理论学术的死角，僵化固执，逐渐丧失了原有的活力。

和与向内突破的思想相反,西方文明,从希腊、耶路撒冷、伊斯兰等地发源,一直在寻求向外突破的路,智者们认为,社会动荡的原因是体制不对,他们希望找到一条打破传统秩序的路,从而构建新的法制、民主体制,在共和、议会、合众等各种制度中寻求变革,这属于和中华文明不同类型的思想。孔子周游列国从未提出要改革制度,而是希望以仁义治国,故而不同的思维方向决定了中国和西方、伊斯兰不同的意识文化形态。

但无论是哪种思想,无论用什么样的语言,无论是向内还是向外突破,这都是智者们探索真理的途径,他们都在试图走近宇宙真相,揭示隐秘的宇宙秩序。

柏拉图有个"洞穴之喻":有一批囚徒自小在洞穴里生活,每天只能看到面前洞壁上的影子。他们后上方有一堆火,还有一条横贯洞穴的小道,沿小道有一堵矮墙,如同木偶戏的屏风。人们扛着各种器具走过墙后的小道,人影透过墙面通过火光投影到囚徒面前的洞壁上,囚徒理所当然地认为影子是真实的事物。如果他们中有人碰巧获释,真正看到了火光与物体,必然会困惑和痛苦,他们会纠结于影子比原物更真实;如果进一步,这些人能走出洞穴见到阳光下的世界,就有人苦恼地发现原来自己一直生活在虚幻的影子里,此时必然有人会开始怜悯过去的同伴,可是如果返回洞穴去和同伴们说明"事实"时,却发现无论怎么说同伴也不信。

谁是囚徒?走出洞穴的还是不是囚徒?洞穴之外还有门吗?柏拉图借这个比喻来说明老师苏格拉底的处境,老师为了拯救愚昧无知的世人而陷于被公决处死的悲惨境地,他完成了哲学家的使命:为公众谋求人生的意义。智者们用生命在述说生命的意义,表达隐匿在繁华世间背后的宇宙轨则,即"藏象"。

一切智者都在努力认识和契合宇宙藏象,心灵之眼能透过世间万象契合到宇宙的最高意志,越是和宇宙的最高意志接近的人,越没有恐惧,越无我无私,这些智者想尽一切方法,用各自的语言、方式解读和描述给世人听。智者们的共同点即在于重视启蒙和教化,无论是向内自律还是向外改革,都在表达一个相同的意旨,即不要相信眼睛看到的,要尝试用自己的精神和宇宙万物万事万有独往来。

生死是现象,是生命的两端,不是"根本","根本"不会在现象里,"根本"是什么?是那个制造生死的,是那个缘起之前的"这个",是属于不生不死、不垢不净、不增不减、不真不假、不虚不实、如来如去的,这才是宇宙的最高意志。老子说叫"无极",叫"道";佛法说叫"佛性""涅槃""本性""自性""法界";当然还可以叫太一、梵、中庸、无上、法、禅等,禅门不愿学人真以为有个什么东西在,故假名"这个",不过"名可名,非恒名"。

不管叫什么,智者们都在用生命不断求索,虽然每位智者因个人经历和所达到的境界高度有别,但在启示人们物质世界之外还有崇高的精神世界存在方面;在启示人之所以为人,除了生物性本能外,还有精神性可以超越方面,几乎是共同的。

人,唯有不懈地和自己的精神世界相应,才能挥洒人性的光辉。

所以,东方、西方的智者们都着力于教育事业,帮助个人眼界的提升,增加对世界的认知,拓宽个人的精神维度,思考人的终极价值所在。为此,智者们留下了大量的文字经典滋养后人,以其为解脱世人困境的秘钥。这其中,当然包括各种宗教逐一产生,其初衷是为了丰富和稳定人类的精神世界。

宗教是人类精神需求的产物，人，无法依据理性而得到精神的慰藉，尤其在动乱困苦的时代，精神更需要有寄托，彼此更需要关爱，未来更需要希望，而这些是靠理性、知识、法律无法解决的。用马克思主义的哲学辩证法来理解的话，理性仅能用来认识矛盾的双方，却无法认识矛盾双方其实是统一的。我们伟大宇宙的最高意志，是矛盾双方的高度统一，理性只可以认识到表象而无法用以理解本质。

人的本质是什么？源于爱而归于爱，万事万物万有，皆有爱，无爱的生命是干枯的沙漠。爱是感知，是行动，是觉有情，不是理性和理论，不可被分析和分解，如果是被大脑理解的"爱"的道理，会对人生有什么帮助呢？

爱是心灵深处的人类情感，明白爱的道理和能付诸行动不是一回事。行动需要力量，正因为如此，佛法修行有"闻、思、修"三个层面，先闻正法，后开始反思，最终知行合一。

现代人缺失的不是知识，不是道理，而是行动，行动力缺乏的原因是心无力。希腊哲学家芝诺曾说：人的知识就好比一个圆圈，圆圈里面是已知的，圆圈外面是未知的。知识越多，圆周就越大，意味着不知道的也就越多。

知识是通过纯逻辑推演出来的概念、命题、符号等，知识不代表人的见识，更不能代表人的认知程度。故此，能将人从自我牢笼中救拔出来的不会是知识，而是通过学习各种知识后产生的认知，即对宇宙间万事万物万有的认知。我们自小开始学习，不要指望是去学一堆知识，而是应该通过学习知识的过程，体悟到知识背后的实相，学习的过程是提高个人对世界、人生、价值、实相的认知程度的过程,认知在禅门叫"见地"。

知识属于人类已知的部分,每个人在获取知识的过程中要学会用动态眼光去替换学来的静态的知识,并能及时彻底地为自己清理惰性知识,这样才能不固执,否则会有越来越多的惰性知识驻扎在大脑里,如果不懂得及时清理,就会把这些当作真理,并将其作为人生的指导。惰性知识越多的人,越缺乏明辨力和真正的行动力,因为心灵深处必然藏着恐惧,恐惧会根植在内心深处,而人的大脑是主导不了人心的。弗洛伊德在《梦的解析》里说"人类不是自我意识的绝对主人",人心不安源于见地不明,故此需要地位和名誉来证明自己,需要忙碌娱乐来掩盖不安,漂浮在心念表层的行为是企图掩饰恐惧心的伪装。

知识和理论本身无罪,但由于存贮在生命体内的位置不同,产生的效应也就不同,仅仅漂浮在表层的知识和理论就是障道因缘,而只有能够契合知识和理论背后的动态智慧,使深植在心灵的知识和理论被人活学活用,这才是学习的根本。

理性不足以产生支配行动的心力,大脑对身体的指挥是有权限的,例如,大脑就指挥不动恐惧和不安的心;再例如,贪、嗔、痴也不受大脑支配,而恰恰相反,是贪、嗔、痴在反支配大脑产生各种动机。

缺乏心力的人,被内心的恐惧、贪欲、嗔恚、愚痴所支配,行为是本能选择的生物性算法,其表达方式就是"趋利避害""趋乐避苦",为了保证身体听话,大脑会生成一种奖罚机制:用快感、荣誉感、成就感来奖励,用失落感、痛苦感、孤独感来惩罚。如果身体、心念不听话,就分泌多巴胺或肾上腺素来制造情绪,对于不听话的身体或心念用痛感神经来传导苦感,作为惩罚和对未来的警告；反之，如果听话，则用愉悦感、快感、幸福感来奖赏和诱惑。这套机制，归根到底是为我们量身定做的"心监"。

性欲来自荷尔蒙，母爱来自黄体酮，快感来自多巴胺，满足来自内啡肽，痛苦来自肾上腺素……究竟是什么样的手在操控人的七情六欲？在刺激着神经细胞分泌各种激素？是快感神经递质奴役了"我"吗？那什么是"我"？我的意识是"我"产生的吗？意识是基因强加给大脑的幻想吗？意识是基因组实现对身心管理的制度性工具吗？哈佛大学的基因编辑实验室已经可以编辑出一出生智商就达到1000的孩子，我们都知道现在普通的聪明人智商达到120就很了不起了，谁能想象得出一个一出生就是智商1000的新生儿是什么样子呢？可是更令人不能想象的是，未来强人工智能的智商可以超过10000，这是小绵羊和人类的智商差别吗？未来将是什么样？新物种将是什么样？未来世界究竟由谁主导？

科学发展到今天，科学家们终于不得不承认目前我们认知的世界，仅仅是整个世界的5%，但笔者不知道这5%的比例是怎么得出来的，如果真的确定为5%，那么也就意味着科学已知世界的总量——总量如果未知，何谈比例呢？

不过，这个所谓已知的比例究竟是5%还是0.00001%，又有什么重要呢？我们今天对宇宙的了解程度不比千年前的人类多多少，千年前人类不知道无线电、光能、磁场、引力……今天我们不知道暗物质、暗能量，千年和今天的认知又有什么区别呢？

科学说我们要客观地看待事物。如何"客观"看待？当然是通过五官和身体的体验和实践来看待。

有趣的是,用视觉、听觉、味觉、嗅觉和触觉来理解世界能叫"客观"吗?这种客观是属于过程客观还是结果客观?各类感觉将收集来的信息反馈给大脑,然而大脑是如何工作的?是如何筛选和甄别信息的?是根据什么来分析判断的?是什么在指挥大脑?心念是大脑产生的吗?抑或大脑仅仅是心念的执行工具?……

人类的认知包含了两部分:想象和抽象。在想象的根基下,人类构建了宗教、文化、金融、网络等,这里彼此的因果关系是人类自我设定的程序;而抽象是人类对宇宙万物万事万有的概括和分类。

如果未来抽象的情感、心念、思维、记忆、感觉可以上传某处,这个能接收的云设备端是虚拟的还是能随机显现的?如果真有这么一天,生命似乎就不再局限在躯体了,每个人是不是会在设备端中得到"永生"呢?但新的问题马上就会随之而来,您不断更新的情感、无限虚构的记忆、反复"重生"的躯体、自我矛盾的思维……哪个才是"你"?哪一段情感值得保存?哪一段记忆不被篡改?"永生"的是哪一生?

什么也舍不得放下和删除,等于最终什么也不值得记取。

如果连以上这些小小的问题都没搞清楚,我们能谈得上什么是主观和客观吗?什么是生死和轮回吗?什么是优选和改造?科学家们现在连什么是物质、什么是世界、什么是时空这些基本概念都越研究越含糊了,还谈什么虚实、善恶?如果非要给人生找一个敌人,那么只能是时间。让人无奈的、遗忘的、不舍的都是时间,在目前的三维空间中,时间是线性发展的,线性发展的逻辑就是有先后,有因果,但如果跳出三维空间,就发现未必如此了。

你未必是你，我也未必是我，我们的感受表面上看是受到有形物质影响，然而实际上却是大量的无形物质影响了感受，无形物质我们能客观对待吗？我们都知道超微观决定了微观，微观决定了有形，那么人是什么？生命的存在形式有哪些方式？超出人能感知范围的层面究竟是如何影响人生的？这些，能用数据检测、理性分析、逻辑推理得到吗？究竟是什么在管理着生命体？它有各种假名："神""灵魂""业""命""心"……

尼采在《善恶的彼岸》中写道："当你凝视深渊的时候，深渊也在凝视你。"尼采论述的可以说是一种怀疑论，即理性论述并无价值，这就好像被"莫比乌斯环"连接的另一个位面，如果人只会用线性思维思考，就会误以为自己站在深渊之上，以为深渊下面是另一面。又比如会认为太极的一面是阴，另一面是阳，两面是截然分开的。这属于用抽象思维武断地设置了一个界限，万事万物万有本是圆融无界的，武断地说你站在深渊之上凝视深渊，就是用二见的思维法；武断地推论世界有一维二维三维四维，这依然是机械、固执的二见思维模式。

道法自然，时空的"本来"没有任何维度，没有一维中没有"本来"，又没有一维是"本来"。

有形的深渊有多深？人的心远比深渊还深！

太极生两仪，两仪生四象，四象生八卦，八八六十四卦环，一切现象、维度都是无碍的。我们看到的不同对象，看似分开，其实在时空中是无碍相连的，就像"莫比乌斯环"一样，看似分开其实相连，根底部环环相套，这好比我们在一张纸的正面写"善"，反面写"恶"，转180度再看，当然都在一面上，如同最初没有被分裂的麦圈一样。

惠能大师说："不思善,不思恶,正恁么时,哪个是明上座本来面目?""正恁么时"什么意思?哪里有什么时间?本来面目不属于任何一个空间,"正恁么时"就是当下,惠明大师于此言下大悟。

看到这里时,您悟到了什么?

人,唯有决心放下妄想和执著,觉悟的路才算开始,才有可能去对抗被管理的"命运"。迷失的人,生活就像电视机,谁上传了什么节目给您,形成了此时的意念和行为,带动了非自己控制的悲欢离合、贪嗔痴疑,电视机本身并不知道。

所谓自己喜欢的,是谁在喜欢?自己讨厌的,是谁在讨厌?人,如果不能从莫名的奖惩机制里脱拔出来,何谈自我?何谈生命?何谈意义?何谈自主人生?禅门所谓"生死心不切"的人,就是不明所以,浑浑噩噩地忙碌于被忙碌,毫无生命的紧迫感,若无此种紧迫感,则不足以放下妄想,改变心力,督导行为。

决心开始修行,向被动的人生轨迹宣战,这是探索,向内探索生命的宝藏,启动生命能源;是追求,追求宇宙实相,追求生命真理;是扩大,扩大人生无限的视野和胸怀;是觉悟,唤醒生命的力量。

一切宗教的发源本从"关爱"始,一切的仪式、教义、戒律原都是为了医治凡夫的恶习,因为凡夫有不仁、不义、不信、不慈、铺张扬厉等恶习,为了对治这些,智者们才开出了各种药方。如老子开出了"慈、俭、不敢为天下先",孔子开出了"仁义礼智信",释迦牟尼佛开出了"慈悲、平等",耶稣开出的是"博爱",但药方和药方之间,没有可比性。

然而我们看到的却是另一番景象,西方历史上的大部分战争皆来自变了质的"宗教",忘了本的教徒把打着宗教名义的屠杀和仇恨延续了千年,至今未绝。不同文明之间不能互相包容,彼此都执著在自己的"正确"上,打击异教徒,发动恐怖袭击,散布极端观点……这些打着宗教、文明旗号的意识侵略,还是所谓的宗教和文明吗?未来世界文明冲突的解决之道,必会是文明的新合流,这股合流也将应该以中华文明为主要脉络,为什么呢?因为中华文明以共融性、包容性、平等性和人本性为核心,这将会为硝烟四起的现代社会矛盾带来一缕清凉。

宗教和文明不会活在文字书本里,不会活在清规戒律里,不会活在武装斗争里,不会活在你死我活里,真正的宗教是帮助人安心的,真正的文明只活在当下每个人的心里,心在,文明在,心亡,文明亡。一切宗教、文明、理论、科学本应是为人类谋幸福的,如果这一切不能利于人类的和谐,便已死亡。

在现代社会科学技术、商业发展突飞猛进的同时,人类的思想却停滞了。什么叫进步?所谓的进或退,方向由谁来划定?

人类文明是不是已经被商业包装的文化所淹没了?

所幸,还有历经劫难而幸存的中华文明,这股生生不息的强大洪流,蒸腾幻化为云霞虹霓,又凝结成冰雪云雨,在"当下"这个超级压缩文件包里显现,层层交叠互渗互摄着古往今来,历劫不灭的无量存在,唯有怀着关爱心的人才能真正体悟、读取和化用。

什么是"当下"这个超级压缩文件包?我们用"空间压缩"的逻辑来看一下,只要将视距无限拉长,既有空间就可以被极度压缩,浩瀚的银河系、无垠的宇宙都可以被压缩到一个足够内存的U盘里;反之,如果测量尺度无限小,空间也可以无限膨胀,在原子世界里,蚂蚁和大象哪个更大呢?我们身体正前方的眼睛,从左到右,只能看见前方180度的部分,而我们身后的那180度世界,以及头顶、脚下、远方……有形无形的在在处处,有几人会有意识地去看?而又有谁能看见?这就是"须弥纳芥子,芥子纳须弥"。

时空的大小取决于量,如果用一颗大心来观察时间,那将是一个超级快镜头,千年万年轰轰烈烈的人类史,在蓦然回首的一念里变得云淡风轻,苦难和幸福在时间里对冲,离别和相聚在空间中消融。心的量决定了时空如何切换,心无量时,对冲和消融可以忽略成幻象,善恶、好坏、对错、成败的边界在"当下"是模糊的,区分变成了徒劳,"一念万年,万年一念",一切在这个混沌的、能生万事万物万有的"当下"中圆融。

中华文明是兼容并蓄、共生共荣的文明,这源于华夏民族传统博大的胸襟。怎样才叫博大?睚眦必究的心量不可能谓之博大,道生于混沌,混沌生太极,太极有阴阳,阴阳育万物,当今天西方还在纠缠于文明的冲突,在谁也不能说服谁的各种极端思想中消耗时,宽博浩瀚、平等宽容的中华文明愈发卓尔不群,其精髓在于"时""位""德"。

《易》云:"君子藏器于身,待时而动。"西方文明以工业革命为先锋,以网络革命为高潮,将现代社会人心引入了物质极大丰富、精神极大不安的时代,此时,岂非宁静致远、胸怀宽广的中华文明影响世界人心的契机到了?

《易》云:"正位凝命。"知道自己使命的人和民族才真正明白前进的方向在哪里,方向不明才会误以退化为"进步"。

《易》云:"日新其德,厚德载物。"时机和方位对了,能否最终成就在于德性。

德,不仅是道德,还有精进、宽容、仁义、自律等含义。中华文明向来强调效法天地自然,心胸如天之高远,品德如地之厚载,并且自强、自律、自立、自觉而能日新其德,知万物万事万有之间阴阳相摩、八卦相荡的规律,能"穷则变,变则通,通则久"。注意,"穷"不是指经济贫穷,而是指思想的穷困,人困于固执,灵感枯竭时为"穷"。

天地自然本身是上下无常、刚柔相济的,"神无方而易无体",君子本应唯义所在,唯变所适。这才是需要配合修身、修行、修炼而契合大道的觉醒人生。

这种灵活应变、自强不息的文明,其根本就是"以人为本",人能适"机"、应"机"、随"机",能知"位"、守"位"、上"位",能效天"德"、新自"德"、扬共"德"。这样的文明是真正"以人为本"的,能一切从现实出发,唤醒生命灵活充沛的内力,向内突破,切实着眼于平实的生活与活泼的生命。

中华大地上的智者们一直以来非以神本、非以物本,兢兢业业一路向上,明知不可为而为之,引领民众从有限的条件中振拔出来,之后再不断回观、回互,螺旋式上升,这就是中华文明的乐观积极、踏实持久、深邃绵长、生生不绝,这种文明也终会唤醒现代社会耽于梦中的人们。

中华文明就如同水,遇方则方,遇圆则圆,但不会变成有形方圆之器皿,不会因方圆之形而改变水的本质。水能恒顺一切众生,但不会被众生改变自己本质,这是"几于道"。无论处于顺境、逆境,任何形态、固态、液态、气态,再或者变大变小,变净变垢,成方成圆,本质不变谓之"定",随圆就方谓之"易",循环往复谓之"圆",中华文明经千年而不绝的智慧凸显于此;而这种智慧,突出表现为对外来各种思想的虚纳、融蓄、包容,以及能与时俱进地将其消化吸收成为本土精髓,并和现实生活不可分割。回望中国思想史,最能体现这种转化而不反被转化能力的是初唐六祖惠能大师创立的"中国禅"。

我们在惠能大师留下的《坛经》中可以看到,"中国禅"直契佛陀思想精髓,却又能如水一样使适合印度的佛法在华夏落地生根,无缝地和中国本土思想衔接。"中国禅"从来就不是虚玄的神秘主义,也不是经院理论,更不是苦行僧一样远离世间的离家苦修,而是能将万法统一于当下的如实生活本身。剥去各种形式的外衣,化解各种繁琐的名相,禅者能以开放的胸襟面对社会,禅之真谛于当代人,是智慧的、活泼的、包容的、平等的、现实的。

也有人认为禅是在儒释道思想之上更高的智慧。其实"中国禅",不在三者之外,也不全是三者之内,不内不外,不上不下,不立文字,教外别传,如水无形。法无高下,人有迟疾,没有一种定相叫"中国禅",它无穷的内涵需要修者实修实证,无穷的智慧体现在当下的随缘化用、随机应变、不执一法、不舍万法上。

理想、净土、天堂、彼岸、美好、未来都只能在当下显现,禅理、禅修抵达的禅境唯有在当下能超越语言。一切的不可思议、极乐圣境、涅槃寂静与时间、空间无关,禅者能不再张望、攀缘,直心清明地面对生活,是"中国禅"灵活多变的禅法对人类的贡献。

恩格斯在《自然辩证法》中称:佛学是人类辩证思维的高级发展阶段,它独特的思维方法和生活方式,给人带来新的启发,使思想得到解放。

"不二"即辩证思维的最高级。

知识、文字、思维、观点、逻辑永远是有角度的、冰冷的,而"当下"的思想是圆相,思想本身富含知识、文字、思维、观点、逻辑,人唯有活在当下,融入当下有血有肉的生命中,才能消融思想中理性的角度和冰冷。

中国思想的发展历程中,不可忽略的春秋战国之后的思想高潮可以从公元148年安世高来华译经一直到鸠摩罗什大师来华。佛法入华,补充解答了春秋战国以来,汉儒虽被独尊却依然不得使国家长治久安、人民安心快乐的深层困惑。

从文化层面,罗什法师得意忘言的广泛传译改变了此前中国知识界以儒道词汇格义佛经的误解,还佛法以本来面目,超越凡尘世情,开掘无限的精神维度,并极大地丰富了中国文人士大夫的文学表达。

当幽玄的思辨得以探察、描述,缥缈的情感得以捕捉、意会,藏匿于物象世界恢弘隽妙的精神得以文化,人类不再仅仅是以本能行世的动物,波澜壮阔的历史上演出花花世界生活的妙趣、心灵的浩瀚、生命的壮美,人类之文明处处洋溢着人之为生命的欢歌。微藏大千的绚烂、万年一念的迅忽交汇于当下,形而上、形而下统一在人间。可以说,如果缺少了佛法的传译和传播,中国文化远不会如此丰富、细腻、婉转、唯美、贴切。鲁迅在《中国小说史略》一书中说:"六朝尤其是唐以后的文学作品,其中源于佛教的成语,几乎占了汉语史上外来成语百分之九十以上。"我们现在日常的很多语汇都是佛法及禅门用词,比如解脱、觉悟、语录、世界、自在、烦恼、彼岸、单位、智慧、平等、想入非非、出离、爱河、律师、缘分、究竟、皆大欢喜、实际、实在、心心相印等。

直至不识一字的惠能大师消化和吸收了印度佛法,把自己多年的弘传实录和语录由门人辑录为《六祖坛经》,更使人懂得其悟乃不自一切文字中得,实由心悟,禅之顿悟法乃得正式广开弘门。惠能祖师的革命可以说是对孔子"极高明"而"道中庸",以及老子"道法自然""无为而无不为"的隔空接力。

这波中国思想高潮的转折点,是1175年朱熹和陆象山的"鹅湖之会",唯物唯心虽无定论,但执于两端触碰的不足点燃了阳明心学"知行合一"的火种,当然这里少不了从"中国禅"汲取的大量营养,最终宋明理学之光芒以"阳明心学"而登峰。

世界上没有外于自心的道场,心外无物,禅本身就是佛之"心宗",它是去除一切名相、仪轨,跨越千年、地域、文化的隔空传承,是灵山法会上那朵禅花在中国的绽放。

任何着相的继承都非原旨,不解究竟的后人对"中国禅"的种种附会,使得今天世人将"中国禅"庸俗化、形式化、表面化、神秘化、理论化、哲学化、思想化、宗教化、庄严化,而这已绝非源自六祖的"中国禅"了。

东方文化的精髓就是落地生根、高昂生命主体的向内突破和自我更新,"中国禅"的外延与生活相等。

从安世高来华至"鹅湖大会",这次思想的狂欢正好一千年,此千年正值魏晋六朝隋唐,是中华文明最兴盛的时期,也是中国历史上最丰富多彩、引人注目的时代,无论经济、军事、文化、艺术、科技、创新,无不独领世界之风骚,而后来的五代、宋明,应是这次思想盛宴的余波。

我们也可以说惠能祖师创始的"中国禅"是这波高潮中的新乐章,回顾此千年,佛教曾屡次成为国家主流思想,那些曾备受当政者尊崇的"天台""华严""净土""唐密"诸宗,虽各领风骚若干年,各位祖师也多次荣登国师之位,但毕竟在思想上、法理上谈不上创新,其核心思想依旧根植于印度佛经。可以说唯有"中国禅"是中国人前所未有的创始,是以水智慧消化吸收印度佛法后,产生的全新思想,其他的只能叫"次生"。

这段持续千年的思想高潮,其时间之长久,声势之浩大、传播影响之广阔,都不是两汉经学和后世宋明理学所能比肩的。胡适当年写《中国哲学史》,写到一半写不下去了,为什么呢?因为他不懂佛法,不得不去补课,可也只补了一些佛学知识,于佛法并无深入。

如果脱开佛法、脱开"中国禅"来谈论中国思想史的话,是无法解读中国思想演变的,从初祖达摩以至六祖惠能发展革新出的"中国禅",可以说是中华思想史不可逾越的一部分。

佛法蕴藏着极深的智慧,它对人生的洞察、社会万象的理解、人性的反思,对各种名词概念的分析理解都是独到且深刻的。仅就"中国禅"来说,它的思想就包含了生活性、思辨性、情感性、实践性、哲理性以及无尽性。

中国思想史离不开"中国禅",中国文化史亦是,例如,"中国画""中华诗词"如果没有王维等禅者,从禅修行里衍生出的禅意,那些写意的"意",又会是什么"意"呢?

唐宋的文人画、水墨画、诗词歌赋和"中国禅"早已浑然合一,密不可分。再如,"唐乐"是吸收了天竺乐、龟兹乐、安国乐等要素而成的,这些音乐原本以佛乐为主;在天文方面,如果没有一行大师在《大衍历》中讲述了测定子午线的方法,没有他修订历法,中国的天文学会晚发展多少年?当然说到印刷业也和佛经的篆刻息息相关。

"中国禅"作为魏晋六朝隋唐这一千年来中国思想文化的一个极重要

组成部分,对中国社会历史、哲学、伦理、道德、文学、语言、艺术、音乐、建筑、雕塑、绘画、天文、医学、科技发展乃至民风民俗,甚至中国人的性格心理都产生了积极的影响,并发挥了重要的世用。

"禅宗"本名"佛心宗",意为禅心乃以佛心为宗旨,不是宗教的"宗",乃是"宗旨"的"宗"。此和中国传统思想本出一途,儒家强调的"修身"便是要归心、放心。

"心"是什么? 孟子说:"学问之道无他,求其放心而已。"我们普通人,平时的生活都是处在散乱状态,每天被动地由外界的事情推着走,此为心不在本位的状态,修者能通过修行使得人生能放心、安心皆是心归于本位的修养法,只有能收摄住放肆在外的狂心、妄心、偏心,心歇处便是禅心、正心、佛心、道心、仁心。

唐宋之际,"中国禅"被日本、朝鲜半岛的遣唐使、遣宋使带回国。用日本当代最具影响力的铃木大拙禅师在《禅与日本文化》中的话说:"禅宗以外的佛教各流派对日本文化的影响的范围,几乎仅仅限于日本人宗教生活方面,只有禅宗超越了这个范围,这是意义深远的事实。禅深入到国民文化生活的所有层次中。"

仅在日本,"中国禅"就以其独特的魅力被社会各阶层接受,武士们喜爱禅者的无畏精神,学者们喜爱禅者的智慧才识,工匠们喜爱禅者的精益求精……这些都远远超出了佛教范畴,也唯有"中国禅"能脱开宗教形式,可以和所有的艺术,如绘画、音乐、花道、茶道、文学、剑道、诗歌、舞蹈、戏剧、饮食、医药等无碍联系在一起,而且与生活的方方面面,如生理健康、养生保健、精神治疗等都息息相关,特别是在帮助日本摆脱"现代焦虑"方面,禅法起到了很大作用,故此日本人常说"禅是日本的灵魂"。那为什么可以帮助日本人摆脱"现代焦虑"的禅法不能帮助世界人摆脱这种心病呢?

随着工业化、网络化社会的到来,全世界人都深受人情淡漠、精神紧张、极端不安、互相不信任之苦,尤其是网络化以后,现实和虚拟的边界更加模糊,人自然会产生越来越多的幻想,从日本人的经历中可以看到,平实质朴、活泼真诚的"中国禅"禅法,正是现代社会病的无上清凉药。

现代社会最大的特点就是社会分工的不断细化,随着分工越来越细化,人的工具性不断被强化,工作越发使人成为单一化的使用工具。人生的目的被单一工具化的行为异化,工具性的、目的性的人生替代了原有整体生命的意义,人不由自主地会感到一种分离的痛苦,人与自然、人与族群、人与自我的分离,心灵与身体、个体意识与集体无意识的分离,这是一种迷失了自我的痛苦,如同离家的游子一般。迷失在工业社会、网络虚拟中的人成了永恒的流浪者,不知家在何处。每天被动行动,行尸走肉一般不倦地茫然工作,不知生存的意义,工作、消费、享乐、聚会、赚钱无法帮助人克服内在的分裂,谁不渴望和谐?谁不渴望幸福?谁不渴望安心?谁不渴望能找到使自我与自然、与族群、与自身分裂的祸根并将之化解呢?

"中国禅"就是帮助克服这种分裂的良药,禅的无敌无我、无表无里、无相无住,是一种"绝对"的心灵状态,是建立人与人、人与自然、人与社会两镜相入、圆融无碍、和谐状态的基础。禅法是心灵的启发,向内突破自我设限,向外突破文化、语言、文字等人为设限,从而唤醒生动活泼的生命。"天地与我同根,万物与我一体",物我不再对立,禅者"变山河大地为真我,变真我为山河大地",这是一条向生命开放、认同之路。晓雨暮风、夏鸟秋虫、池上碧岩、叶底黄鹂,都不再与我无涉,我们在此岸紧紧相连,我们在彼岸一体同胞。

这种内心的开放,并不是以与现代文明的对抗和对现代文明的批判而展开的,也不是以讨论东西方文明孰强孰弱的评判而展开的,可以说西方文明如果是太极图的白色半边,属阳,具有强烈外向性的话,那么,中华文明就是黑色半边,属阴,具有强大的包容性。

文明根本就不应该是有冲突的,亨廷顿所认为的基督教文明与儒教、伊斯兰文明的对抗,其实是西方人的二见性思维,凡事习惯于一刀两断,武断地下结论。由这种思维模式主导的世界,比以往更需要东方智慧的崛起,禅的奥秘在于平等和包容,没有谁高谁低,不能以冲突止冲突。

虽然现在的工作可能会使您体现出一种工具性的人生,体现出与生命本身宗旨乖离的单一性,但是如果您能全身心投入,将自己的智慧全身心忘我地投入于此,同样会契合到生命的整体性,如"庖丁解牛"一般,身动心随,在工作和生活中"顿悟"生命,用时得心应手,与机缘处处合一。这是西方文明所缺少的部分,也正是中华文明可以令西方人领悟的部分。

唐宋时期的大诗人们,如王维、白居易、苏东坡、黄庭坚等,谁不是禅子?他们的诗文绘画,何处不是禅机的显现?不仅如此,唐宋时期的诗文、变文、俗讲、演义,还有禅师的语录体,都能和民间的通俗演义水乳交融,《坛经》在当时就是朴素的大白话,高雅和通俗本就有脱不开的交互关系,表现形式虽有异,然血脉不可分割。

"中国禅"自马祖建丛林、弟子百丈立清规始,师徒二人倡导农禅并重的丛林制度,不仅对中国的农业经济起到了重大深远的影响,也对东亚的社会经济起到了启蒙作用。以日本为例,由于受唐代丛林制度的影响,日本上至幕府下至百姓,都能在现世经济社会和生活中修禅,"中国禅"影响了日本近代史,从天王以至庶人皆将禅运用到平常生活中,小至家园,大至社会。日本企业家曾提出一个口号:"工作坊就是道场。"他们将禅法用于生活,尽其业,乐其群,修其行,行其道,使得全国上下受禅的影响,推动了社会经济的繁荣。

"工作坊就是道场"这一理念正式的起源被认为是铃木正三禅师。铃木禅师本是日本战国时期德川家康手下大将,在战争中参禅悟道,他有鉴于当时日本历经百年多的战乱,社会风气败坏,道德堕落,毅然向世人宣告:我要出家了!他以禅的觉悟,呼吁如何缔造一个美好繁盛的社会;以禅的智慧实践如何缔造一个和谐幸福的家园。近来大家熟知的日本稻盛和夫、松下、盛田昭夫、堤义明等企业家,他们的祖师爷正是铃木正三禅师。

所有人都有佛性,可为什么有人成不了佛?因为有"三毒"贪、嗔、痴在,而克服"三毒",必须靠修行。铃木禅师认为所谓修行,就是"精于一道,以此为生",这成了后来日本人普遍崇尚的职业精神,体现为专业、专注的匠人精神,在日常生活中表现为自觉、自修、自省,于是禅的修行方式不再局限于打坐,而是开始渗透到生活的方方面面。今天日本人禅修所覆盖的领域已经无远弗届,武士道、剑道、俳句、建筑、绘画、庭院、茶道、花道、饮食、手工等几乎所有的艺术、人文、工作、生活等各领域都能见到禅的精髓。

然而反观中国,元朝以后,禅的活泼平实日渐式微,主要依靠少数僧人来光大禅宗门楣,甚至一个临济宗可以有许多自称正宗的XX代"传人",执于门户之见的人早已失却禅心。禅门本无门,有心者入,无心者通,惠能大师不过是一字不识的樵夫,临济大师当年也不过是黄檗希运座下挨打的受气包,他能蜕变成见佛杀佛的祖师,靠的不是自诩正宗。

如果说禅在日本已经渗透到工作乃至人的日常思维中,那么在中国,禅却退化成各种宗教活动,甚至还不能算是宗教活动的主流。所以,一方面,"中国禅"的内涵丰富浩瀚,不仅是巨大的思想宝库,还是文化生活的源泉;另一方面,禅的无限应用却被局限在宗教活动范畴,这着实令人叹惜。

元朝以后,"中国禅"被后人强行从生活中拨离,成为"禅宗",普通人误以为禅学属于学者范围,禅修属于僧尼范围,自己是普通人,为什么要修禅呢?修禅有什么好处呢?虽然也有人为了增加些高雅情趣而修禅,为了治病养生而修禅,但这些修的是真禅吗?

禅法被曲解成宗教行为,成高雅情调,成治病养生……如此一来,本是六祖惠能从群众中升华来的"中国禅",却尴尬地回不到群众中去了。

元朝之后的文人士大夫受宋明理学家影响,偏重于知识理论,对"修行"中"行"不太在意,知识分子越来越变成了文弱书生,理学家们普遍对行动的强调较少,这才有王阳明拍案而起,倡导"知行合一"以补理学之不足。

现代人大都误以为禅的源头在日本,修禅应该去日本朝圣,对禅智慧的理解也多停留在心灵鸡汤层面,认为禅修应去寺庙,极少有人认识到"中国禅"是"生活禅",生活处处是道场,用禅心指导的生活、工作何时不是修禅呢?

一切思想理论文明,应与日常生活相应,生活中所体现的不是偶然现象和非本质属性,而是生命之道。

禅对社会大众的根本利益在于唤醒每个生命,使得生命中灵光乍现,这不是神灵启示，而是自性大放光明。修禅是为了觉悟，但觉悟不会从天而降，必须通过专门的方法开启。

修禅的作用有以下几点。

其一，悟生命。能契合万事万物万有的核心。

其二，知因缘。了解万事万物万有皆众缘和合而生，即是因缘而生，故万事万物万有皆有无常性。

其三，明规律。知晓宇宙间的各种现象规律、变化。

其四，起作用。能在自性带动下生活，出世入世万变不离其宗。

"中国禅"的精神是注重内在的充实和外在的起用，也就是理论与实践相结合。外在能否起用、起用的深广如何，就在于内在是否充实、充实的程度如何。

日本人活学活用了"中国禅"，把禅文化的精神充分融入他们自己的生活、工作、文化之中，契合禅旨，抓住了禅的实质，以至于发展出了有日本特色的"ZEN"。

中国从清朝末年，梁启超、鲁迅等仁人志士开始反向日本学习这种积极向上的精神，而这种精神恰恰是中国唐宋时期禅思想的遗绪，实事求是的生活禅修行法，远比那些穷经皓首、徒劳苦行的僧侣更能引领世风。

农人安于农业，工人安于工业，商人安于商业，士人安于学问，干部领导安于本职工作，老人安于其老，这就是生活禅。如果像一般人以为只有闲暇时、生病时、退休时才去修行；只有需要祈祷时、无助时才去修行，这是不解"禅"。

对于社会各业，比如商业，商人的经营之道，不在否定获利的合理性，而必先致力于自力,经济效益就在社会效益中,我为人人,人人为我,这才是企业所为之本,不可能只求单方的经济效益而不顾及社会效益,也不可能只顾单方的社会效益而忽略了经济效益。

"中国禅"修者修行的目的不是死后去天堂、去西方极乐世界、去某某净土,其修心、修身、修道、修行、修禅的目的不在死后去"彼岸",而是为了现世安稳、当下安心,所谓"心净则国土净"。

人境界不同,人生的目标也有不同,有人追求活着舒服,有吃有喝有爱有地位,这是相对短视的人生目标;另一类人追求解脱红尘苦海,不在乎现在吃多少苦,而在乎下一世从哪里生,这是相对局限的人生目标。禅者不期望有什么神灵恩赐,没有什么造物主可以主宰生命,命由己造,心是生命的发光体,能使自身生真智,愚暗渐不在,便是禅法的修持起用了。

马克思说:"人类只能依靠自己救自己,而不能依靠虚幻的上帝来拯救人类",《国际歌》里唱道"从来没有救世主",救自己不能靠上帝,这观点和禅思想何其相似?

恩格斯在其著名的《自然辩证法》中说:"全部哲学,特别是近代哲学的重大基本问题,是思维和存在的关系。"也就是说思维和存在的关系被如何对待,物质和精神哪个是第一性,决定了唯物和唯心两大阵营。但谁也无法给佛法下一个定论,佛法既不属于唯物,也不属于唯心,更确切地说,佛法、禅法属于"因缘和合"论,属于"命由己造"论。但不属于并不代表否定,故此也可以说佛法和禅法不否定唯心,不否定唯物,一切因缘际会,随缘变化,即空即有,《心经》云:"色即是空,空即是色,色不异空,空不异色。"不一不异是不二法。

"中国禅"是佛法的根本智慧,直接继承发扬了佛陀以人为本的核心理念,并和中国传统儒、道圆融,是在魏晋六朝时启萌、于初唐破土、中唐盛放之中华文明的一部分。

生命体,本来是物质和精神的辩证统一体,任何人、事、境的存在、变化、作用都有相对条件,都依赖于各种条件关系而存在。没有独立存在的生命,万事万物万有的生灭、成毁、分合、聚散、空有、条件是同时形成的,变化的过程是此消彼长的起落。

恩格斯在《反杜林论》中说:"当我们深思熟虑地考察自然界和人类历史,或我们自己精神活动的时候,首先呈现在我们眼前的是一幅由种种联系和相互作用无穷无尽地交织起来的画面,其中没有任何东西是不动的和不变的,而是一切都在运动、变化、产生和消失。"

"中国禅"认为,万事万物万有的因果关系、相对关系无常,故,生命只有活在当下,也唯有"当下",才能将有和无、生和死、物质和精神、对立和统一、部分和整体、微和宏圆融不二,平等相待。

西方宗教史是流血史,而回头来看中国,翻天覆地的佛教大革命,却在化外之地曹溪,由一个不识字的"獦獠"完成,可见唐人拥有何等伟大的胸怀!中华文明是何等的圆融嬗进!

中国历史上,大丈夫气魄最高昂的时代,首推春秋战国诸子百家,再轻松跃过魏晋茂密的竹林,向着正在清谈的玄士们挥一挥手,便可立抵"中国禅"的诸位祖师。

早年的王安石对儒家充满信心,中年后他觉得儒家虽有不足,但还可以挽救,只需改造更新,他虽然以新经学和先王之道相标榜,但仍以儒学为根基和主体,而变法的失败告诉他,这同样是行不通的。现实中一再受挫的王安石晚年终于得出一个惊人的结论:儒家难出大丈夫,禅门却有英豪在。

据宋志磐《佛祖统纪》卷四十五记载:荆公王安石问文定张方平曰:"孔子去世百年而生孟子,后绝无人,或有之而非醇儒。"方平曰:"岂为无人,亦有过孟子者。"安石曰:"何人?"方平曰:"马祖、汾阳、雪峰、岩头、丹霞、云门。"安石意未解。方平曰:"儒门淡薄,收拾不住,皆归释氏。"安石欣然叹服,后以语张商英,抚几赏之曰:"至哉,此论也!"

类似的记载又见于南宋陈善《扪虱新话上集》卷三等。

近代钱穆先生说"唐代第一流豪杰,全走进禅寺中去了",他们在文化思想上的贡献,较之同时门第在俗中人,在政治文艺诸方面的成绩,深刻伟大得多。正如钱先生感叹:"惠能、马祖之类,真都是不世豪杰。没有他们,下半部中国史必然走样。"

# 贰

现代人为什么不重视自身修养？最主要的原因是认为其病不重要也并不急需救治，安不安心这个没有赚钱重要，哪有时间去思考生命的意义？生命的意义仿佛就是活的享受，得过且过就可以了，至于什么叫自在人生，普通人感觉自己挺"自在"的，手脚能动，嘴巴能吃就可以了，既幻想着能驾驭身体和心念这两驾马车，又不愿意付出什么行动，为什么不愿意行动呢？因为感觉难，感觉修养没什么用！

希伯来人有句古话：人走进一条河流，可以顺水走，也可以逆水走，有智慧的人要逆水走。这就是说，智慧的人在任何领域一旦出了点成绩，通常会马上警觉，"道隐于小成"，故此，智者要么马上反思，要么就会去另辟一个领域逆水行舟。

不甘于顺境的人会明白一个道理：难的事情反而容易做成。

耽于顺境的人会被顺境所困，顺境的含义不仅仅是指顺利，而是指您所熟悉的、喜欢的、已知的、感觉安全的一切；您脱不开的工作、想法、心态这些都是您已经习惯的，已经驻扎在大脑里，令您习以为常的叫顺境，这无关您的现状如何，凡是害怕放下和失去的，都会让您的生命力退化。"中国禅"修养为了帮助人从顺境里觉醒,推出了"五心修养"法,"五心修养"法是八万四千禅法的一种,以禅门独特的修法帮助世人恢复生命活力。

中华文明以《易》为始,《黄帝内经》简称《内经》,属内易,主要以人体内在阴阳易变的规律为根本,论述人和自然相应的关系;《易经》则简称"外经",属外易,主要以宇宙间阴阳易变的规律为根本,论述天地和人的关系。这是一套理论系统,内外虽阐述的角度不同,但属于一体两面,是既可分又不可分的。

中华文明从《易》中发源,玄妙的思想从何而来?现代人误以为《黄帝内经》只是一本医书,岂不知《内经》认为,医世、医心、医病是一体不二的,岐伯是黄帝的老师,黄帝称其为天师。宋《路史》载:"古有岐伯,原居岐山之下。黄帝至岐见岐伯,引载而归,访于治道。"另,南宋纪传体通史《通志》载:"岐氏,周故都也,今凤翔岐山是也。太王居之,至文王始迁于丰,其支庶留岐,故为岐氏。又古有岐伯,为黄帝师。"也就是说,黄帝在小崆峒,也就是今太难岐山"孔头沟"这里问道,见此地长者鹤发童颜,健步如飞;少者肌洁容美、俊逸潇洒,问后方知这是岐伯之功。于是黄帝就在岐地寻访,并发现了岐伯,尊其为天师,谋讨济世通途,帮助他治理天下。世病不医,心病不治,身病除之何能尽?

岐伯协同黄帝合著了《内经》《难经》,合称《黄帝内经》,那么岐伯的老师又是谁呢?这就是《黄帝内经》中藏的密象了。文中,岐伯曾几次谈到自己的先师,称为"上帝",千万注意,这和西方的"上帝"是完全不同的,西方的上帝是神,而这里上帝和皇帝一样,指的是某个人,岐伯说自己师承上帝,他在《素问·六节藏象论》中说:"此上帝所秘,先师传之也。"

上帝是岐伯的老师,经文中没有详细说明来历,但"上"是尊称,是先人,如上人、上师、今上等,"帝"可能是世间帝王,也可能是指传真谛的人。那么上帝是如何将道传于岐伯的呢?岐伯说先师传他的方式有两种:一为口授;一为心传。

口授是大家熟悉的教育方式,唯有心传,是中华传统智慧和佛法的相通点,《内经》讲:人体之病,源于阴阳失衡,阴和阳都非能目测定量的数据,虚实、盛衰、辩证全凭心悟,这种传道方式是西方一直不能理解的,认为这是玄虚。而这恰恰是东方文化中最重要的部分,即核心之法,唯有心传。

阴阳是无法付诸文字解释的,配合阴阳的还有五行,阴阳和五行都是无法付诸文字解释的,此两者相辅相成,五行本出自《尚书·洪范》,可以理解为两对阴阳加一个中土。在太极图中,阳最多的是火,阴最多的是水,阳气稍上升的是木,阴气微下降的是金,土居于中央而"不易"。

阴阳失和就产生矛盾,而保持"中和"是中华文明的核心价值观,"中和"亦是无法固化成文字的,各家虽各有表述,如儒家名"中庸",强调入世,故是以"阳"为主立法;道家讲"无为",强调出世,故以"阴"为主表法;佛法讲"中道","中"是即空即有的,故阴阳同俱,以"不二"为心。

人体的组织结构按照身体部位分为上阳下阴,前阴后阳,外阳内阴。脏腑也有阴阳,如"心肝脾肺肾"这五藏的基本功能是收藏,心要藏神,肝要藏血,脾要藏谷,肾要藏精,肺要藏气,故皆属阴,而"胆胃大肠小肠膀胱三焦"六腑,基本功能是排泄,故皆属阳;再到经络也分阳经、阴经、阳络、阴络。气血亦是,气为阳,血为阴。还有,升降出入也分阴阳,升为阳,降为阴,出为阳,入为阴,这些道理都是令西方人头痛不已的,那么我们如何划分"五心修养"的五种体质呢？同样有阴阳之分，体质分了阴阳，修法分了阴阳，然而却都是阴中有阳，阳中有阴，阴不离阳，阳不离阴。

中华文明之精华在于《易》，《系辞上传》曰：易有太极，是生两仪……两仪即阴与阳。

德国数学家莱布尼茨是现代电子计算机二进位制的创始人。电子计算机对现代科学发展有多大的作用，相信没有人不清楚，但许多人并不知道，启发莱布尼茨发现二进制的正是"伏羲六十四卦次序图"和"伏羲六十四卦方位图"，他正是在中国八卦的启发和帮助下，才成功创始了二进制。

1642年，法国数学家帕斯卡采用与钟表类似的齿轮传动装置，研制出了世界上第一台十进制加法机。1667年莱布尼茨在法国巴黎参观博物馆，看到帕斯卡的这台加法机，启发了他要创造一台乘法机的兴趣。经过努力，莱布尼茨设计出了一个木制的机器模型，向英国皇家学会做演示。但这个模型只能说明原理，不能正常运行。为了让乘法机实现从理论到应用的目标，年届54岁的莱布尼茨冥思苦索，却毫无结果。就在他要放弃的时候，1701年的秋末，他收到了法国传教士白晋从北京寄给他的"伏羲六十四卦次序图"和"伏羲六十四卦方位图"。

白晋是康熙皇帝的数学老师，他对《易》很感兴趣。莱布尼茨惊奇地发现，六十四卦正好与64个二进制数相对应，他豁然开朗，终于研制出能进行乘除运算的"计算机"。莱布尼茨非常向往和崇尚中华文明，他认为八卦是世界上最早的二进制记数法。为此，他于1716年发表了《论中国的哲学》一文，专门讨论八卦与二进制，指出二进制与八卦有共同之处。他还把自己研制的"计算机"的复制品赠送给康熙皇帝，他写信给康熙皇帝，要求加入中国国籍,以表达对中国的敬意。

二进制对两百多年后现代计算机的发明产生了巨大而深远的影响。

宇宙万象,变化莫测,人生际遇,动止纷纭。《易》中"理、象、数"的内涵,是世人能知变与适变智慧之源。知变是"理"智的极致,适变是"象、数"明辨的极致。

《礼记·经解》中说"絜静精微,易之教也","絜静"是指易之修养,"精微"是指"絜静"的内涵,人能具有周密明辨的智慧,但周密明辨如不从沉潜静定的修养进入,就会流入歧途,自落魔障。故《经解》中又说,学《易》的偏失很可能会"使人也贼"。为什么?增上慢故。可见,一切理性、明辨皆需从个人修养始,不修身者,不得见道。

从"理、象、数"来看易学,由"乾""坤"两卦开台,错综重叠,旁通蔓衍,初从八卦而演变为六十四卦。循此再加演绎,层层推广,便多至无数,大至无穷,尽"精微"之至。六十四卦,每卦从下至上皆由六爻组成。爻分为阴爻(表示为--)与阳爻(表示为—)两种,将这两种爻按不同顺序排列组合成为六十四卦。卦与卦按不同分类原则进行分类,各类卦之间都有着不可思议的内在规律与数的关系。

在《易经》最早的蓍草占卦法中,有大衍之数,也有天地之数。"相"是"数"的外在存在形式,宇宙之"数"由天文数和地理数构成,其中天文数代表无体积的空间,地理数代表有体积的物质。八卦最基本的符号即阴阳(--、—),宇宙可分为空间和物质两大类,用数字表示,"0"为空间,"1"为物质,属性为阴阳,变化为五行。

《易经·系辞》曰:"天一地二,天三地四,天五地六,天七地八,天九地十。天数五,地数五,五位相得而各有合。天数二十有五,地数三十,凡天地之数,五十有五,此所以成变化而行鬼神也";"大衍之数五十,其用四十九"。天数是二十五,地数是三十,舍去尾数不用,而用整数五十,则为大衍之数。大衍之数就是太极衍生出万事万物所需要的数。

《易经》用大衍之数解说未来事物的发展,这是贯穿宇宙和人类文明衍进的大道。其中的象,取自日月星辰、万物生命而践行其理;其中的数,内于象而行于理,揭示出万事万物万有生生不息的大秘密。

《易经》既是中华文明"群经之首","中国禅"智慧当然和此息息相关。《易经》是关于"心物一元,天人合一"的大道,文字一义多涵,辅以卦象来譬喻事物的现象和变化。如"生生之谓易",又说"天地之大德曰生",说明了天地生化万物,其"生生"就是"变化",以天地自然现象来讲,如日升月恒、朝夕晴雨、春生秋实、沧海桑田就是循环往复;以社会演进来讲,如国家兴亡、社会盛衰、政治兴革、经济起伏;以人事机遇来讲,如得失成败、悲欢离合、吉凶悔吝、否极泰来。惠能祖师的法嗣南阳慧忠禅师传下来的九十六"圆相图"所表的正是此道。

宇宙中万事万物万有的变化会以"数"的变化形式存在,比如:星球的兴衰、人口的增减、细胞的生灭,一切成、住、坏、空本质都伴随着"数"的变化。能量变化为物质的过程,是"天文数"向"地理数"转化的过程;是"数"向"相"转化的过程;是阳爻(—)向阴爻(--)转化的过程;是"气"向"质"转化的过程。

六十四卦中,只有乾、坤二卦有"用爻",即"用九""用六"。为什么偏偏是这两个数字?让我们来看"太极图",太极图中阴阳鱼代表阴阳二气,是

9、6二数在运动。太极图实际由9、6两个数构成,9代表阳,6代表阴。阴阳鱼各有一眼,代表阳中有阴、阴中有阳。为什么呢?因为9在6中,6在9中。9颠倒为6,6颠倒为9。在所有天文数中,只有9、6二数可以互为颠倒。

我们再继续深入,圆中任何被分成等分的角度的所有数字之和均为9,如360°、180°、90°、45°、22.5°等,并且圆内正多边形内角和的数字和均为9,如正三角形内角和180°的数字和为9,正四边形的内角和360°的数字和为9,正五边形内角和540°的数字和为9,等等。

由此可见,数字9既是奇点,也是真空,意味着"万物",同时也意味着"虚无",这是"圆相图"的秘密所在,"圆相"是万物生,也是万物藏。

而曹洞宗的"偏正互回""五位君臣"等禅法,是在禅门"不立文字"的宗旨下,和《易》的智慧圆通,禅门历代祖师均各自成一统,不用印度禅的概念而转用中华传统儒、道、易来说禅,这是"中国禅"对佛法中国化的贡献之一。

"五心修养"五种体质的源头来自《内经·灵枢》,其中有两篇集中讲了人的体质,一叫"通天",一叫"阴阳二十五人",说人体体质的五行属性,五行再分五行,也就是五乘五,共二十五种体质。

太阳之人是火性;太阴之人是水性;少阳之人是木性;少阴之人是金性;阴阳平和之人是土性。

二十五类实际就是阴阳五行的细分,人首先要搞清楚自己是哪一种体质,才知道怎么选择起居饮食,如何开始修行修身,怎样开始调息养气,此谓"法于阴阳"。

有人说不对啊,"五心"不是"地水火风空"吗?而五行是"金木水火土",这是一回事吗?三祖云:"法无异法,妄自爱著。"一切法,此心同,此理通,无论易儒释道禅医,殊途同归。法是什么?是揭开宇宙全息数据的信息码,各种法都是宇宙全息数据的一部分,然而一部分中就能见全体,抛开所有外在的表述、形式,归于其后的原点时,其实说的都是一回事。

阴阳五行是大易之道,五心修养是易心之法,假名五类体质的人,皆可通过六根清净法来净化身心。六根清净修养法的重点不在加,而在减,不是让您学习阴阳辨症,对症治疗,而是借用禅法之力帮助初修者卸载冗繁的旧有程序,重启生命自净化系统,打扫体内环境,简化嘈杂的思绪,从而恢复生命体本来的生机。

为什么许多人虽然努力修行,却进步缓慢呢?因为一开始就走偏了,误以为修行是在增加什么、学习什么。修禅其实不像世间熟悉的学习模式,要在大脑里灌装更多的知识,笔者说了这么多,不是为了让您记住多少,或者学习一些新的技术,而是打开您局限的视野,发现自己思维的壁垒,禅修的重点是减和舍,说这么多其实是让您放下,放下您现在误以为特别"重要"的。

有些人一说到放下,就辩解,我还有家庭、事业,还要奋斗,现在没时间修,这就是您视野狭隘本末倒置的来源。放下什么?不是让您剃头出家、远离红尘,放下的是杂念、烦恼、执著、妄想,放下小心眼,放下自以为是。放下得越彻底越能为自己解缠,越能见到宇宙万物的精妙绝伦,越能令身心清净,清净的生命体内才会时常有灵感涌动,有情感勃发,有能量和天地万物感通,有能理解宇宙无穷奥妙的基础,如此方能在红尘中游刃有余,方能有一天领悟到古往今来的圣人们在说什么。

所以，修习"五心修养"不是让您去学会什么呼吸法，或者记住什么道理。在修养过程中您只需要专心配合指导老师的指令，顺其自然即可，身心回到婴儿状态，过程中信任和放松，这才是重点。

"五心修养"法推出以来，许多学员在体验后感觉真正感受到了什么是放松，修完身心舒畅，但有人修养后没太大感受，为什么呢？因为从进门开始，大脑就在分别，这个房间是怎么装修的？为什么这样呼吸？下一步是什么？……意识高度紧张，这其实是在浪费彼此的时间。

怎样才能清除杂念呢？首先是"解惑"，韩愈说：师者，传道、授业、解惑也。可我们看看现在不少老师，自己还在惑中，卢梭曾说：当一个人只为维持生计而思维的时候，他的思想就难以高尚。

教育不是在传递知识，而是一个生命启发另一个生命、一个生命感动另一群生命，否则只能叫教书匠，叫知识的搬运工，师者的责任就在于引导学人的方向。同样，我们修习禅法，首先就是解惑，也就是树立正见，而不是为了增加疑惑，那些进入修养时脑袋里还琢磨个不停的人，如何能起到修养的作用呢？习惯性地左顾右盼，皆源于内心深藏的不安和不信任。

人生的"惑"就像雾霾一样笼罩着您，心中不见阳光，整个人盘旋于此中，会造成各种错觉、各种自以为是、各种偏执束缚、各种疾病缠身、各种烦恼交替、各种欲望等身，您来修养，不就是为了转化这些困扰的吗？不就是为了打开心胸、获得清明的吗？

师者之功能其次在于"传道"。"道"怎么传？唯有心传，不通过文字语言。通过书本上的知识传递的，只是已有的、静态的部分，佛陀拈起的是花，老子传的是不言之教，这些动态的妙法非关文字，道非常道，心传的广度、范围取决于受者的见地和感悟能力。

"解惑"不是用知识去纠正错误，而是增加见地、心胸、视野去减少执著，去除自以为是的偏见、邪见、二见，道，也就能自然显现，这才是"传"。通过精神相互往来，这样的传才没有障碍、没有角度、没有边界、没有局限，才能感受修养法带来的心的解脱和欢喜。

那么"授业"呢？不是用文字语言告诉您什么叫"业"。"业"本是不可说的，不可说却可感知，感知后方能转，才知道什么是真正的事业。

"事业"语出《易经·系辞上》："举而措之天下之民，谓之事业。"也就是说做对社会大众、整个社会、整个人类有贡献的事，才算是事业。譬如大禹治水、李冰建都江堰，功在千秋，利在万代，造福于民。从事于善业的叫"事业"，为自己的小我赚钱只能叫"职业"。

由于长期以来，我们的认知不清晰、见地不究竟，所以才会迷惑，才会被诱惑，才会因事情、环境、情感、社会现象而困惑。如果人的行住坐卧，念念在"惑"中，稀里糊涂地往来生死，这"惑"必会影响身边最亲近的人，尤其是我们的家人、孩子，再至朋友、同事，从而必然影响社会。世界是环环相扣、循环不已、互相影响、波波相逐的，每个人的"惑"造成了世界的"大惑"，集体的颠倒梦想。

不少人知道自己在"惑"中，但期望解惑的途径有误，以为多学些知识、多上学、多交朋友、多赚钱就解惑，岂不知这还是颠倒梦想。要抓的东西越多，恐惧失去的东西也就越多。可以说，没有智慧的人，知识财富越多，"障眼"物就越多，"惑"也就越多。

本身就"惑"多的人，如果还有很强的社会影响力，那不是在给社会添乱吗？如果还是个老师，那就是以盲导盲，不同生命体之间互相是层层相叠的，如同水面无数大大小小互相交迭的涟漪，涟漪交迭复现，互为因果。

我们之所以需要修行，是真正解惑，自己安心自在了，才能够不为社会添乱，这才是每个人应尽的责任。

包括"五心修养"在内的各种禅法修行，可逐渐为自己解开迷惑，从而开始影响到身边人、世界人，让更多人无惑、无惧、无畏、无忧。

六根清净，五心即宁。

清净心方知如何随机应变，随缘妙用。

孔子说：吾十有五而志于学，三十而立，四十不惑，五十而知天命，六十耳顺。七十呢，是从心所欲不逾矩。

"十有五而志于学"的"学"不是学习知识，"志"是"志愿"，是从十五岁开始要立下人生的志愿："志于学"，"学"什么？清楚到底是为己学，还是为人学。

学不是为了谋生、谋地位，学也非仅从知识中来，一字不识的人，也有可能是有学问的人，学问学问，学学问问，孔子在《论语》中说，学问是以人格为基础的，儒家教育的目的是完成君子完美人格的教育法，培养完美人格才是学习和学问的目的，才是做学问的道理。孟子说"求其放心而已"，通过学问和学习，和自己的初心相应，将心放入平旦之气中，我心清明，问心无愧，不以物喜不以己悲，做自己该做的事情，成就"仁之所至，义所当然"的人生，才是君子的完美德行，也是学问的精要所在。

孔子十五岁，就有如此志愿，真正从内在开始去理解人生、理解社会、理解国家，理解人性，寻找自己人生的立足点和学习方向，并"学而时习之"，全面锻造自己。可孔子为什么要学、习十五年,到三十才能"立"呢？

"立"不是成立家庭立下事业,"立"什么？立价值观、人生观、世界观、财富观、生命观、宇宙观,培养自己看世界的独立思想和眼光。连孔子都要学十五年才能真正树立对人生、世界、价值、财富、生命的见地,可见学习不是简单的。普通人认为"学"是上学,孔子不是到十五岁才开始上学的,识字不叫"学"。真正的学是要有志向和志愿配合的,而真正的"立",是树立人生之正见。

正见建立以后,要到四十才能不惑,可我们普通人呢,觉得解惑是小事,成家立业才是大事儿,误以为立业就是赚钱糊口谋生,不理解孔子说自己四十才能不惑的内涵。

十年不惑,孔子至五十才知天命,用佛法来讲,即才知真正的慧命。而六十耳顺呢？也就是"不二皆同、无不包容",于世间没有对立心了,消除对立才能耳顺。如此要再过十年,至七十方能从心所欲不逾矩,也就是圆通了,一切通达无碍。

圣人孔子兢兢业业,如履薄冰般地过完了一生,自述到了七十方能从心所欲不逾矩,他对自己一生的回顾、历数,每一段皆言自己精神成长的收获,不断反思自律自省,而我们呢？

从孔子的话我们可以参悟到"由反得正"的道理。一个人想要得到圆满的人格,就要时刻反着来,慎独、自律、克己、反思,逆着来,表现在禅的修养法就是逆修。

水,为什么抽刀断水水更流呢？就因它不离万物而利万物,所以处于不败之地,它不争、无私无我,处"众人之所恶",大家都不喜欢的,水却甘愿处于此。

众人喜欢什么？喜欢功成名就，喜欢呼风唤雨，而"道"是众人之所恶，众人喜欢往高处走，水恰恰相反，喜往低处流。智者当效法水，能谦下不以为卑，能直上不以为莽，水低方能汇成沧海，才能包容一切污浊，然而却能自净化成为最干净的海。

"处众人之所恶"还包括，众人喧嚣扰攘的时候"我"能清醒；众人退缩时"我"能担当；众人恐慌的时候"我"能安定；众人冷漠时"我"能热情，这都是众人所不为、所不愿、所畏惧、所规避的"恶"，修行亦是众人之所恶。

凡夫喜欢力争上游，一心往高处去，这和禅法的"向上一路"却不是一码事，"向上一路"是往"道"上走，所谓的"上"和方向无关，和道心相关，越契合道的人越谦虚，谦虚恰恰是处众人之下，越处下的人看到的天越高。这就像武功越高的人越要有武德，反过来，没有武德的人功夫也不会高到哪里去。厚德方能载物，侠客的"侠"是受夹板气的人，中国传统文化一直在强调，有德行的人无论在何种境况下都能安之若素，虚涵的德行具备了，才能腹中有乾坤，胸怀育万物。处在低处，是太极的以柔克刚，"克"不是把谁除掉，而是柔弱胜刚强，是一种转化、包容的力量，老子云："弱者道之用。"

"五心修养"法就是帮助您能安之若素生活的法，心得清净，世间的地位是相。不过不要误以为"处众人之所恶"是让您站在众人的对立面，凡事和人对着干，这么理解是完全错误的。

"众人"指的是迷惑的人，迷惑的原因就是因为人生被欲望、幻想带着走，自己无法控制自己。不知道生命的意义，忘了初心的人，即"凡夫"，但

《金刚经》里说:"凡夫是即名凡夫,即非凡夫。""凡夫"是指某个阶段,一念迷即凡,一念悟即佛。

"众人"喜欢的东西有声色犬马、灯红酒绿、名利地位,修者通过修行不是不要这些,而是不被这些带着走。心清净的状态下,不管是出入酒肆街坊,还是接触三教九流,都不会妨碍您,身在红尘心在净土,这才是禅修的目的。

禅者自束其心,放下攀缘、造作、抱怨,无诤,无讼,身心进入一种低耗能模式,阴阳四大五行脏腑气血平稳地运行,身心不躁动,这不是社会安定的基础吗?

处在低位的心,在佛法里叫慈悲心、儒家叫恻隐心、道家叫无为心,能于心无事、于事无心、心清净的人,或安然端坐,坛罐帚篓,粗布作席,或经行廊下,抬眼碧岩青嶂,举目日月堪餐,或闻书声盈耳,或枕桂花入眠,或闹市浪迹化有缘,或酒肆豪饮善方便,或商海叱咤功成退,或不拘形迹自在行,或往来纵横无不道场,或山静心定人似太古,或见机行事即寂即用,或八风不动夫复何求!

我,是我人生的主人;可,怎么才能当上自己的主人呢?禅理可学,禅修当习,禅境不可说,唯有亲证。

"中国禅"修养体系把禅修者的境界大体分三个阶段:一是初级养身阶段;二是初发心阶段;三是已发心阶段。

禅门一切修法,不管是从身体入手,还是从意识或直接从心入手,全都是心法,每个阶段的划分和修行时间与入门先后无关,是否发菩提心,以正见、修持和愿行三位一体慈悲利众是三个阶段的划分标准。

对第二阶段,即初发心的修者,有"身、口、意"修养法,帮助修者转化习气;对真正发了心的禅者,"中国禅"修养是以"不二禅观"助其禅修能量提高;走入禅修的修者,精进不怠,最终会到达第三个阶段。

"五心修养"法,是"中国禅"修养接引第一阶段修者并帮助其进入第二阶段转化身心的共修法。"五心"是将人的习气分为地心、水心、火心、风心、空心五类,从而对应地、水、火、风、空五种修养法。

世间一切心病皆源于六根不清净,初修之迷惑亦然。因此,为初修者设立的"五心修养"法,实际上是"六根清净"法,"六根"也叫"六门",即眼、耳、鼻、舌、身、意。

"五心修养"法修时会由引导老师引领,分眼耳、鼻舌、身意三段帮助修者净化六根、六识以及人体外、边、内三个气场,弱化六尘的影响,使身体气血通畅,改善习气,恢复自身健康,唤醒生命活力。

禅门历来强调"莫轻初学""一念成佛","初"是指心的状态,初学亦可瞬间开悟。"中国禅"修养法中虽有"五心修养""身口意修养""不二禅观""禅茶导引""莲花太极""水月太极""不二禅画""不二禅颂""禅意调息"等各种针对不同阶段修者的修法,但法无高下,禅门无门,会其意者无谓次第。

各种修法,实是回环,六根交互,含摄周全,故,有心能得法,无心则万通。

"五心修养"法,其修养对象不分性别、年龄、民族和信仰,只需精心跟随导引老师的口令一步步深入即可,人人皆可参与。

本书分"修炼篇"和"问答篇"两部分,"修炼篇"的内容供修习六根清净法的学人参考，在每个"中国禅"修养基地都配有"五心修养"的专门场地，学人在学堂体验以及学习后，可以对照"修炼篇"内容理解和复习。

"问答篇"是根据学人在修习"五心"的过程中，陆续提出并展开关于身修的问答，对于没有实修过"五心修养"的学人，不妨先跳过"修炼篇"，直接进入"问答篇"，等对"六根清净""身修"等禅法有一定了解后，再开始实修，会大有裨益。

禅虽不从修得，然不修不得。

感恩中国禅诸位祖师！

感恩中国禅智慧导师楼公宇烈先生！

感恩恩师雪山博士！

感恩一切发生，一切有缘，一切众生！

悟义

于丁酉年中秋

禅者颂
# 修炼

佛法无多子，
动静有急迟。
炼得翻云手，
一气会灵知。

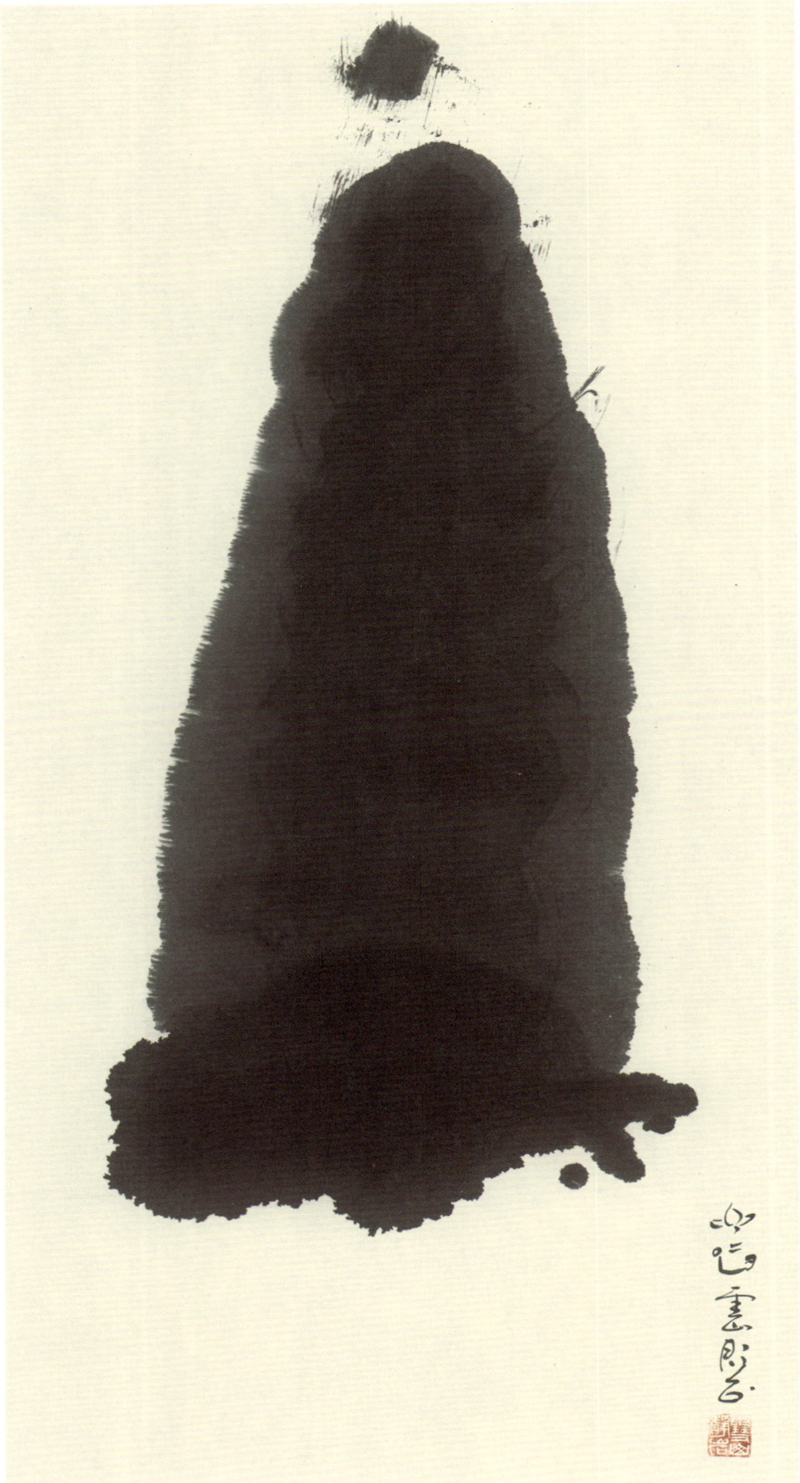

修炼篇

禅者颂
# 圆通

一通百通处处通,
如月印水风行空。
参得究竟本来面,
直上无界妙高峰。

# 一 五心修养功法概述

## （一）五心分类

"中国禅"五心修养法对应的是妨碍个人心清净的五种习气，但没有一种习气是单纯的，心理的问题都是纵横交织、互为因果的，把习气分为五类是暂时的方便，并非固定不变，每个人身上都具含着这五类的潜质，少人只显现一类，多数是交替互现的，修者首先需从目前显现特征比较突出的一类开始进入相应的修养法。

在进行五心分类时，修者需听从引导老师的安排，也可以自测自己的类型，这种分类需要建立在能细心觉察自身平时生活习惯、情绪状况，以及身体当下状态的基础上，无论是引导老师安排还是自分，都需直观面对自身状况，从表现最显著的特征进入较好。

**地心：** 地心特征的人，大多耐力好，隐忍力强，不怕困难，忠诚笃实，比较沉稳，有的人不善言辞，但反过来说性格也比较固执自我，死板不灵活，应对突发状况时应变力弱。身体上的反应则是表情紧张、筋骨僵硬、皮肤暗沉等。

**水心**：水心特征的人，大多心思细致，比较冷静，表现出一定的艺术性，也容易高冷、忧郁多疑、焦虑不安。身体上的反应通常是呼吸不畅，多有痰湿，容易疲劳气虚。

**火心**：火心特征的人，热情似火，开朗大方，不拘小节，但遇事容易急躁，易受打击，好动多言，情绪起伏明显。身体特征常常喜凉厌热，身体内外爱长包块。

**风心**：风是一种阳性能量，风心特征的人性格难以捉摸，这些人善于变通，喜欢新鲜事物，喜欢冒险，行动力强，想象力丰富，易散漫、不专心。

**空心**：空心特征的人，大多很有才华，创新力强，易傲慢，自大又自卑。循环代谢系统不好。

"五心"是对五种类型的习气进行分类，但不可以此作为个人评价并对人进行定义，因为人的性格是复杂多变的，我们只是从当下的性格习惯上来选择，每种显现的状态互相影响，就像一个人头剧烈痛的时候肚子不舒服就被隐藏了，而当头痛消失时才会发现原来肚子在胀气，可能到肚子不胀气了又发现自己腰酸……所以每位修者身上可能都具足五心的习气，只能根据当下显著表现的那一种入手，如果有人觉得自己很难自选相应修法，可按照五心引导老师的安排进行修炼。

## （二）五心禅舍

"五心修养"整体修养过程根据"六根"之间的对应关系来完成，分别是眼耳修、鼻舌修、身意修三部分，加上最后的禅意调息、导引，总时长为六十分钟。

每一心有一个特定的禅舍，从布局看这些禅舍略有相似，但从功用上是有很大区别的，如修养时的器具和修品等诸多细节会根据五种不同的修法而配备。

许多人不理解，为什么五心禅舍空间那么小？为什么不设置宽敞一点？

禅舍是禅者转化身心的地方，首先要聚气，从禅法的角度讲，这就是一间间禅门的"方丈室"。"方丈室"源于《维摩诘经》，维摩大士的方丈室只有一丈见方，然其所包容的法量无量，无量无数的迷者于此得度。如《维摩经·文殊师利问疾品》中云："长者维摩诘现神通力，即时彼佛遣三万二千狮子座，高广严净，来入维摩诘室……其室广博，悉皆包容，无所妨碍。"维摩大士曾在这斗方的室内与前来问疾的文殊及三万二千菩萨等论法，居士妙理贯珠，无数听众于此得无上正等正觉。

维摩大士不是神话人物，当年玄奘法师曾去他的故地参访，据《大唐西域记》卷七记载，吠舍厘国就是鸠摩罗什大师所译《维摩诘所说经》中提到的地点"毗耶离"。《大唐西域记》中说："伽蓝东北三里有窣堵波（坡），是毗摩罗诘（唐言无垢称。旧曰净名。然净则无垢，名则是称，义虽取同，名乃有异）故宅基址，多有灵异。去此不远有一神舍，其状垒砖，传云积石，即无垢称长者现疾说法之处。去此不远有窣堵波,长者子宝积之故宅也。"

也就是说玄奘法师到达维摩大士"故宅基址"时,发现"多有灵异"。"多有灵异"不是指神鬼多,而是指能量多灵异,玄奘法师本身是大修行者,能于此发现此地多有灵异。唐显庆年间,王玄策奉敕出使印度,也来到这里,王玄策是受了辱就敢去尼泊尔、吐蕃借几千兵灭印度的牛人,不是修行人,只看到风景遗迹,不能契合"方丈室"的能量,他当时以手板纵横量室内空间,因仅得十笏,如实记录,故名之为"方丈"。

同样的地方,自身境界不同,收获和体悟便天地悬隔,玄奘法师能明显感觉到"多有灵异"的修行道场,王玄策却只知丈量物理空间。

现代人误以为"方丈室"就是寺庙内住持的住地,其实禅门师者接引学人、转化学人的地方都是"方丈室"。维摩精神是"中国禅"的源头,古来禅者都深契维摩精神,我们从《坛经》里惠能祖师多次引用《维摩诘经》可初见端倪,我们还可以从唐宋各位禅师、文学家的诗偈里看到维摩大士对他们个人和中国文化的深刻影响。

以最具代表性的苏东坡为例,从他早年初仕凤翔时作《维摩像唐杨惠之塑在天柱寺》可见,在其习佛的过程中,《维摩诘经》应是最先研读的佛经之一,其诗云:"昔者子舆病且死,其友子祀往问之。跰𫏋鉴井自叹息,造物将安以我为?今观古塑维摩像,病骨磊嵬如枯龟。乃知至人外生死,此身变化浮云随。世人岂不硕且好,身虽未病心已疲。此叟神完中有恃,谈笑可却千熊罴。当其在时或问法,俯首无言心自知。至今遗像兀不语,与昔未死无增亏。田翁里妇那肯顾,时有野鼠衔其髭。见之使人每自失,谁能与诘无言师?"

此诗是他观杨惠之所塑的维摩诘像后所作,表现了对大居士的敬佩。诗作以《庄子·大宗师》"子祀往问子舆病"的寓言为开端,巧妙地呼应了《维摩诘经》"尔时,长者维摩诘自念寝疾于床",佛陀派众弟子及菩萨前往大居士处问疾的基本路线。"昔者子舆病且死",这是以庄子寓言起兴发端,描绘维摩病相是"病骨磊嵬如枯龟",俗世之人是"身虽未病心已疲",而大居士则是"此叟神完中有恃"。他称维摩诘是"至人",这是呼应《庄子·逍遥游》:"至人无己,神人无功,圣人无名","至人"便是"无所恃"的觉者。

东坡先生三十多岁时作《吉祥寺僧求阁名》诗云:"过眼荣枯电与风,久长那得似花红。上人宴坐观空阁,观色观空色即空。"从这里可以看到,其对《维摩诘经》的认识和理解又增进了一步,诗出《维摩诘经·方便品第二》:"是身如电,念念不住。……是身无寿,为如风。"电与风的共同特征是"不住",举凡大千世界之生命,皆以"不住"为常,人身亦如是。世间所谓的升降浮沉、荣辱贵贱,不过过眼烟云,幻化迅疾。相对而言,吉祥寺内的那枝红牡丹花开的时间比世间的这些升降浮沉、荣辱贵贱尚"久长"些。

同样是在熙宁年间,苏轼再次作《和文与可洋川园池三十首》,其中《无言亭》云:"殷情稽首维摩诘,敢问何处是法门。弹指未终千偈了,向人还道本无言。""无言"是在赞叹维摩大士在狭小的方丈室以默然无言来回应三十二位菩萨各随其意论说"入不二法门"后,文殊菩萨之"问不二法门"。

宋哲宗绍圣元年,御史台有人告发苏轼"讥刺先朝",最终他被贬到惠州,时已年届六十。在此期间,苏轼作了一组和韵诗,其中一首诗云:"净名毗耶中,妙喜恒沙外。初无来往相,二土同一在。云何定慧师,尚欠行脚债。请判维摩凭,一到东坡界。"此诗重点在说空间,维摩诘大居士居住在毗耶城中，妙喜国则是渺远的恒沙之外，两地本不在一个空间，但为什么大居士能使两地合在一起？无碍心便通无碍地。

宋徽宗建中靖国元年，是苏轼坎坷颠沛的人生之旅走到尽头的一年。阅尽人世沧桑，功名灰飞烟灭，他显得澹泊宁静，年迈的他还在写《维摩诘经》，《次韵阳行先》云："室空惟法喜，心定有天游。摩诘元无病，须洹不入流。苦嫌寻直枉，坐待寸田秋。虽未麒麟阁，已逃鹦鹉洲。酒醒风动竹，梦断月窥楼。众谓元德秀，自称阳道州。拔葵终相鲁，辟谷会封留。用舍俱无碍，飘然不系舟。"

"室空惟法喜"再次赞扬方丈室的神奇，维摩大士知道文殊师利等菩萨要来，"即以神力空其室内，除去所有及诸侍者"。红尘也罢，净土也罢，空也好，有也好，人生就像一叶随波飘荡的不系之舟，能不被空间所拘碍出入天际、能不被时间所滞留生生不息、能使生命自在无碍的，是《维摩诘经》所揭示的不二之法。

"方丈室"是禅者自觉觉他的禅舍，其大无外，其小无内，随心所欲，随缘而适。

## （三）步骤

"五心修养"的禅舍作用，就是令学人能于此契合相应不二法，这里有三个区域：眼耳区，鼻舌区，身意区。

地、水、火、风、空"五心"修法，从步骤和方式上看几乎相同，但从契合者的内心收获上看，和玄奘法师、王玄策一样，看似去了同一个地方，但所闻所见所感天地悬隔。

五间禅舍内的眼耳区根据五种修法，分别对应放置了五幅禅画、五种不同的音器。

**1. 眼耳修**

**第一步：胸背大吸气**

胸背大吸气是禅意调息的基础吸气法，能够帮助修者入静、放松，为后续的修炼做铺垫。禅意调息的重要性和为什么起到禅修前必要的铺垫作用，我们在后续的"问答篇"里有讨论。

**第二步：禅画观想**

修者在幔帐内，与禅画在精神上互动相应，修者内心与禅画所表达的精神独相往来，禅画观想的要点，不在于观画的内容，而是和禅画相应，逐渐净化眼根。关于禅画修养，笔者在《雪山静岩不二禅画释义》《高明中庸修身为本》《禅舍》等书中均有涉及，读者如欲了解禅画观想的不可思议性、不可替代性，可以找书来细细参悟。

**第三步：观音观想**

引导老师敲奏音器，修者闭眼观音，感受音波震颤时身体的反应，逐渐净化耳根。

我们平时的颂唱、读诵、听音等禅法都是观音法，具体我们在后续"问答篇"里有讨论。

**2. 鼻舌修**

在鼻舌修养区域内，有不同的熏碗、熏料来帮助鼻根的净化，这些熏碗和熏料根据地、水、火、风、空及男女阴阳之区别而不同配置。舌根净化是用特别配制的禅丸来帮助打开喉舌淤堵。

鼻舌修分为两步。

**第一步：禅茶观想**

禅茶观想是通过不同水温、材料的熏法配合上相应的导引呼吸，来帮助修者净化鼻根。

现代人和古人不同，如今大城市的空气污染物大多数时候已远远超过了人体的极限，春夏的沙尘柳絮、秋冬的雾霾飞烟等对人体有多方面的侵害，其中以呼吸道疾病和生理机能障碍为主。轻则造成眼鼻等黏膜组织受到刺激而患病，导致哮喘、肺气不足或体力下降，重则导致急性污染中毒，或引发肺气肿及肺癌等疾病。根据国家卫生计生委最新发布的城市居民死亡原因排序，恶性肿瘤排名在第一位，而其中肺癌屡居首位。帮助鼻根净化的禅茶修养法对现代人的重要性是不言而喻的。

**第二步：禅丸调气**

禅丸从制作到被食用的过程，是一个修行的过程，笔者在《莲花太极》一书下册详细介绍了禅丸制作和修行的关系。禅丸的物质成分有各种草药、水果、五谷等，除了可食用外，还可以用来熏、洗、泡、蒸、揉、发、闷、贴等；禅丸的制作过程，其采药、选配、制作、发酵、过滤、应用等本身就是一整套修炼法，故而不是大规模生产用于商业发展的，而是修者在禅法修养过程中配合禅法使用的。在用禅丸净化舌根时，修者品味禅丸要细细用心觉察舌根的反应，觉察口液的变化。

### 3. 身意修

**第一步：导引行功**

"五心"有五套不同的导引行功法，主要是禅意调息导引法，修者通过前面的胸背吸气已经帮助胸背逐渐松开，又经过眼耳、鼻舌修法转化，此时，引导老师带动修者反复调息和导引，修者通常感觉气喘吁吁或大汗淋漓。不同的导引行功能帮助修者打开内心郁结。

**第二步：转肩回环**

转肩回环起到承上启下的作用，在修者导引行功结束后起到过渡作用，帮助修者运动平时僵硬的肩、颈、头、上肢，调动气血上行，为下一步的观想入静打好基础。

**第三步：静坐观想**

静坐观想和导引行功、转肩回环是动静的关系。动时消息，静时长养。导引行功的目的是帮助打开气血通路，促进新陈代谢，振奋精神，疏导淤堵，而转肩回环是加强气血回流，活动肩周、胸肋部分的筋骨，这样修者静坐时更便于入静，净化身根。

### 4. 收功

身意修完成后，修者收功平躺调息，通过腹式呼吸按摩脏腑，释放胃肠及全身浊气。收功是指上一个修炼的尾声，即"亡"，亡什么？亡杂念、执著、喜好……让自我树立的界限逐渐消融，进入一个无悲无喜的中立状态，体会熟悉的东西在消亡，崭新的状态在诞生。

我们赤条条来到这个世界，能满载而去吗？生命哪有什么属于"我"？

"我"亡生"活"。

身体静静地平躺,紧贴着大地的时候,如同生命归于尘土的那刻,将一切养分回向大地。回向是一个状态的终结,又是下一个状态的开始。

修者此时闭上双眼,用腹部深长地呼吸,呼吸逐渐放慢,不要有任何猛烈的呼吸动作干扰身体。精神专注于深长的呼气上,鼻孔不应感觉到气息的温热。瞳孔放松,下颚放松,舌头放松,全身放松。假如意识漂移于杂念,那么就更加专注于呼气,不要给自己思绪留下漂移的时间。

放松的核心点在于调息,调息是身体进入修炼的通路,也是能否达到气放松和意放松的入手点。

日常生活中,大多数人的呼吸非常粗浅,基本只使用了肺部三分之一的能力,吸入的新鲜空气到了喉咙便匆匆地呼出了,呼没有呼尽,吸没有吸饱。身体长久无法获得气血充足的氧分,新陈代谢必然会衰缓,体内的垃圾代谢不出去,身体必然紧张。

放松本来有气、血、意三个要素,此三者互相影响,例如血供不畅,血压过低会直接影响呼吸,此时无论您身处什么名山大川、蓬莱仙境,也很难提高呼吸能量,如果呼吸不畅,提不上气,您如何能有灵感和活力?

生命体唯有气血稳定,呼吸顺畅时头脑才能清明。修者想身心和谐,调息是特别关键的。调息功夫提高后,修者即使特别劳累时也能及时自我放松,令身心及时调整、补充养分,就算生活在空气污染的环境中,也能及时自救。

身心紧张是因为心火逆上,生命体有阴阳二气、先天元气,先天元气是居中的,非阴也非阳。身体由阴阳二气和元气三气所生,生五脏六腑、生经脉、生血等，其运行方式是先由上而下，再由下而上，不断地循环往复，每天大概有50次（脉的大动）这样大气的来往。

身体内的一切都是分阴阳的，比如细胞、脏腑、经络、肢体等。从五藏的角度说，肺和肝都属于阴，而从用的角度说，肺属阴，肝属阳，肺轻浮在横膈膜上面，肝重沉在横膈膜下面；从五藏的角度说，心和肾都属于阴，而从用的角度说心是阳，肾是阴；等等。中国哲学思想最重辩证，现在人之所以亚健康，首先是思维混乱，本末倒置，接着身体也出问题了。

身体的问题首先表现在呼吸的改变上，而呼吸的重点在呼气上，呼气的时候是静脉血中二氧化碳排出体外的过程；吸气时是动脉血的营养、能量、氧气运送到肝脏、肾脏的过程。一般每次呼气、吸气时，经脉便会上下拉动大概三寸左右。我们一分钟大约呼吸18次，每日呼吸的次数大概是25920次，刚才说的50次是我们脉的大动。

当我们了解身体是如何运行，呼吸、气血等该到达哪些位置，当我们知道要如何配合的时候，我们身体的气血、经脉等才能够和呼吸相应，身心逐渐放松。相反，我们什么都不明白，经常做一些违背身体自然运行的事，呼吸越来越浅，身体功能自然会越来越差，如何能健康？血液中氧气不足，推动力不够，各组织脏器需要的能量从哪里来？

呼吸首先和肺功能息息相关，肺在五行中属金，是金母。如果肺功能不行了，呼吸功能也就自然不行了，渐渐地整个身体都不行了。

肺功能不行的时候，第一个反射区域是肾，肾的能力也会随之出现问题。肾在五行中属水，肾是水子。

当肾也出现问题的时候，一切脏腑都开始了不安和躁动，陆续各种问题爆发,阴阳相继失调,谓之"四大失调"。

"四大"在佛法中是指"地、水、火、风","五大"则是指除了地、水、火、风外还有空,空指的是精神意识,空失调了,问题更大。

"五心修养"特别注重修者的呼吸,在进入修养时,有"胸背大吸气";鼻舌修时,有"禅茶观想"和"导引调息";身意修时有"导引行功";最后还有收功,这些统统都属于禅意调息法。其中"胸背大吸气""导引调息"和"导引行功"吸气时腹部向内收紧,胸腔上抬,呼气时腹部隆起;而"禅茶观想"和"平躺调息"时吸气腹部鼓起,呼气腹部收紧。

每一次呼吸,修者都要先将身体的气息完全呼尽后再吸气,我们平时的呼吸,呼气是完全没有呼尽的,所以修养时一次呼气后要再一次呼气,最后感觉呼尽时再呼一次,直到真的完全呼尽再吸气,呼和吸之间需轻微屏息停顿五秒,适当地增加一点压力,使吸进来的气被压进血管、脏腑、细胞内。

部分修者期望达到更好的修养效果,故而在屏息时刻意地增加时间,这是不可取的。没有经过专门修炼的修者,如果屏息时间过长,可能会出现头晕、心跳异常等情况,所以要根据引导老师的提示来控制屏息时间。还有部分修者会因为屏息能力较差而无法控制呼气的节奏和速度。在调息法中,呼气比吸气更重要,呼气时一定要深长,将废气呼出去,吸气时要快一些,但要均匀细长,此时配合提肛收阴,呼气时放松。

我们了解了调息法的重要性后,就自然不会小看收功这个过程,修炼要善始善终,以终为始。而现代社会的人会习惯忽略收功过程,心里总觉得已经结束了,总喜欢提速,这是由于当前的文化过分追求速度,追求效率,追求有用,认为收功不重要,认为简单的事情不重要。其实修炼过程是在消融分别,不一定难的真比易的难,难易不在筋骨和肌肉上,放松其实比炼功还难,难和易不能用体式来评估。实际上,放松最不易。

## (四)修养前准备

好,让我们现在一起开始进入"五心修养"吧!

### 1. 洁面,着装

清洗面部的尘垢及护肤品,着简洁、宽松、舒适的衣服。尽量选择棉麻面料,不要选择化纤等僵硬、不透气、易发出声音的材质,同时不要佩戴任何饰品。

### 2. 静心放松

放松有"身放松""气放松""意放松"之别,对于普通人,"气"和"意"的放松是不容易的,去美容或按摩感觉放松,那只是身放松,通常意还是处在紧张状态,现代人习惯紧张,任何时候都杂念纷呈,念不静,气和意是难以得到放松的。反过来说,念越杂乱的人,生命的活力越沉睡,念头散乱无章者,身体即使在美容按摩后感觉轻松,但这种轻松也不来自心灵,而是出于皮肉放松,和相应五心修养后的"气放松"以及"意放松"是不一样的。

所以在进入修养前需调整好身心状态,提前处理好紧要事物,集中精神跟随引导老师引导,避免习惯性的意念散漫。

**注意事项：**

★进入修养前一小时内请勿进食。

★修养时修者需静默、集中、专注，跟随引导老师的引领，修炼时请勿提问或自言自语。

★修炼时如有不适需及时告诉引导老师。

## 3. 体位

五心导引修养过程中，通常有三个修炼体位，分别是站、坐、躺。

### 站功

站功以"无极桩"站姿为主（见图1-1）。两脚分开与肩同宽，脚尖朝前，脚趾微微分开如吸盘一般吸住地面，两脚扎根于地下，沉稳有力，脚平吸，接地气。我们平时习惯坐在椅子上，修炼时两个脚心要像吸盘一样吸住地面。为什么？因为病气都是从脚心排出的。

"道自虚无生一气，便从一气产阴阳。"人的左右两腿分阴阳，既相对，又相容。相对者乃阴极必反，阳极必变；相容者，乃阴阳互摄，万物生长。

站是修炼的最基础姿势，站功注重的是天、地、人合一，"天"是头脊之元阳，需正位；"地"是双腿之根基，需稳定；"人"是下腹之气海，需活络。

站功时，先用刚劲，刚劲用后则弃，则柔劲自现。正所谓阳尽之后阴则自生，一阴一阳交替而用之为站法，周而复始。

人身体的能量供养途径有三种：(1)经脉中的真气供养；(2)血脉中的

图1-1 "无极桩"站姿

氧气供养；(3)筋脉中的能量供养。能量持续供给的秘密，在于阴阳交替，独阴不生，独阳不长，一阴一阳谓之道。修者通过修炼将真气布于全身的筋骨、皮肉、各个细胞中，唤醒沉睡能量的能力，这叫做"布气"。

此时修者从腰腹气海、命门处感觉发力，由此向末梢进行力的转换。使气由腰腹发向四梢，节节贯通，最后运化通达，布于全身，感觉周身皆一体。起初四肢百骸节节贯通，逐步达到精旺、气满、神全，最后达到"法密如笼"的境界。

站功炼得对不对，修者此时内在的意识是关键。意识集中是修炼功夫时的君主，任何功夫的修炼均离不开意识的运用。炼功的过程中，修者需要跟随引导老师指引，集中精神，神光内收，专心专一，反观内照，内观体内气血的循行变化，神到、意到、气到、力到，李时珍在《奇经八脉考》中说："内景隧道，唯反观者可以照察之。"任何散乱者都无法专注于当下，而修者心态日趋平稳时，就能逐步体会何为"定"的境界。

站时修者要注意腹部内收，臀部夹紧，提肛收阴，并保持下颚微收。但为什么许多人站一小会儿就腰酸背痛腿抽筋，站不住了呢？因为站的姿势不对，不懂站的秘诀。站立修炼时，两腿如磐石，要稳定；脊背如寒松，要挺直，但是两肘、两腋、两胯和两腘窝处，即"八虚"，要放松，沉肩、坠肘、松胯、膝盖微曲。

"真气之所过，周身365节"，全身上下这么多关节，都是气血行走的地方，关节处都是人体比较虚弱处，最应放松。《黄帝内经》指出：此八虚为真气之所过。即一身之气所经过的这八个最大关节处至关重要，这里既是邪气最容易停留的地方，也是气血最容易壅堵的地方。

心、肺有病，病在两肘；肝胆有病，病在两腋；脾有病的话，病在两髀，就是人体的胯骨处；肾有病的话，病在腘窝。

站功看上去简单，实际上能站到有虚有实、刚柔交替是不简单的。关节处虚，脊腿要实，脊背如不直，阳气无法循督而上；关节如不虚，则真气无法流布全身。这些窍门，需要修者在精进专心的修炼中逐渐用心体会。

**坐功**

坐功有"静坐"和"坐禅"之别，我们在"问答篇"中会有讨论。但二者都是修者凝神专志、内观静修的禅法之一，通常对于初修者来说，先从"静坐"开始习炼坐功（见图1-2）。坐法相对站法，人相对放松，念头也容易静下来，静下来的意念就像摇动杯子里浑浊的水，不动杯子时，浑浊会沉到杯底，水则会清净无瑕。"坐禅"是让修者头脑清明的修法。

东晋时慧远法师曾以"照寂"二字来统括禅修方法，至僧肇法师时，其在《般若无知论》中阐明般若以"照寂"为体。"照寂"即"照见五蕴皆空"，其中最普遍采用的修法是"坐禅"。

"坐禅"易于摄心，将心念摄于当下，也就是把心念从过去及未来和现在的境中内收，只缘当下，将现前境的范围不断缩小，对于现前境里所发生的种种状况，虽然可能都看得到、听得到，但是不被这些影响而生起情绪反应。

当下一念能清明，自我觉知而不被杂念、妄想、瞌睡、知识所困扰，也不跟这些意识缠斗，心念轻松而又绵密地住于专一境中，就能逐渐不受身边

图1-2 正坐

各种状况所影响。平稳、安定、持续地跟随引导老师的引导,清楚地知道自己在做什么,也清楚地知道自己是在平稳、安定的状况中静坐。放下一切好奇心、攀缘心,如《永嘉证道歌》所说的"不除妄想不求真",不是躲着享受安逸,而是随境摄化,随缘安住,悲智无量。

《六祖坛经》所讲的无住、无念、无相,就是指本来面目,这是悟境。放下所有一切自我中心的执著,心无所住,念无所系,是放舍诸相之后的大解脱、大涅槃。当您对于一切现象的执著心统统放下时,这是无法用语言文字来表达、来思索的如实境。禅修的目的在于不被诸相所迷,能见到本来面目的人才不被诸相所迷,只要执著于任何一相,就是著相,就是没有见到本来面目。

许多人误解,以为静坐或坐禅时所产生的身心反应,例如轻安境、光明境、空灵境、感应境、神通境……是开悟的悟境,或者是发了神通,其实这些都只是生理现象、心理现象,最多是精神现象。这些现象对修习不见得是好事,所以坐时心志专注,凝神安住,不耽于各种境界、镜像,才是真的坐功。

坐,必须有一个正确的坐姿,让身体感到平稳、舒服、轻柔。

坐姿的要领是,将身体的重心放在臀部和垫子之间,脊椎和后颈是垂直的,后脑、后颈,直到尾椎骨为止呈一直线,坐的时候不要弯腰驼背,也不要左曲右歪,头顶与上空成一条垂直线,不要低头或仰头,下半身最好双盘,如果不能双盘,散盘、单盘也可以。然后舌头轻抵上腭,眼球放松,两肩、两臂、两手均不用力,腰部挺直,小腹内收,提肛收阴。但切记不可过于人为用力强行打直脊背,松则气顺,僵则气滞,有碍气血的流通,只有身心处在自然状态，意念才能专一。

**散盘**：散盘一般是初修者盘坐的选择（见图1-3）。初修者由于胯骨没有打开，坐禅时两边膝盖通常都是悬空的，身体重心最不稳定，因此脊椎也最不稳定。坐着的时候身体重心过度集中在坐骨，导致身体有后翻的倾向，上背自然需要稍微前弯来平衡。上背一弯，脊椎不直，双肩也自然前倾，憋住了胸腔，气也不顺畅，此时不但杂念不会减少，反而容易出现昏沉。

如果刻意对抗重心后移而人为地直腰，长时间就会腰肢劳损，所以我们反复强调，坐禅最重要是脊椎要直，双膝着地，能够形成稳定的三角形支撑，胸腔和肩部也应该是舒展的。我们看一切佛像的坐姿，胸腔和肩部都是舒展的。

所以初修者坐禅，可用垫子稍微垫高臀部，使脊椎保持正直。但通过道具来纠正散盘时的脊椎形态，长时间形成依赖，也不是好事。

**单盘**：单盘的作用和双盘相似，是修者暂时不能双盘前的过渡体式，修者可将任何一只脚的脚跟贴近会阴处，一只脚放在另一侧大腿根处贴近下腹（见图1-4）。

单盘为什么是双盘前的过渡姿势？因为单盘时上面的腿的膝盖是悬空的，身体重心容易往膝盖贴地的一侧倾斜，长久单盘易形成脊椎侧倾。脊椎是连接大脑和身体内脏的神经中枢，脊椎如果倾斜会影响脊髓里神经中枢的运作，导致各种问题相继发生。

有些修者怕疼不愿意双盘，所以坐禅时一直散盘或单盘，时间长了，就会有慢性的内脏病变，这和脊椎变形影响了神经、内脏的正常功能有关。胸椎错位还容易引发心肺功能问题，腰椎错位会直接导致坐骨神经痛，以

图1-3 散盘

图1-4 单盘

及腿、膝的问题。

**双盘**：结跏趺坐，俗称"双盘"（见图1-5）。修者先将左脚掌置于右大腿上，再将右脚掌置于左大腿上，这种坐姿称"吉祥坐"。假如先将右脚掌置于左大腿上，再将左脚掌置于右大腿上，则名"降魔坐"或"金刚坐"。不过要注意，会双盘不代表就会坐禅，坐禅的重点在禅心，不在姿势上。

坐时必须先将坐姿调整好，眼观鼻，鼻观口，口观心，然后将呼吸调匀，不急不缓，自然而然，这样便于制心一处，制心一处就好像母鸡孵蛋或猫捉老鼠一样用功夫。母鸡孵蛋时，体不离蛋，专心致意；猫捉老鼠时，千钧一发，心无旁鹜。动物们专心是没有诸多妄想故，专心本是生命体的本能。修禅是帮助修者回归到一心一意状态，坐到疼痛时，哪里还有心思妄想？山穷水尽时，自然水落石出。故，疼也是一味大药，禅门说"一念不生全体现"，妄想歇处，就会有所成就。

双盘的时候，一定要将双腿的膝盖完全靠地，也就是髋关节必须够松，这样左右膝盖和坐骨形成三角形能均匀承托身体重心，脊椎能保持竖直状态。

双盘对双腿是强力的收摄，亦带动下腹生殖系统的收摄，下盘气收住了，腰自然挺直，还能滋养元气，打坐时也不容易昏沉。有双盘经验的人就会发现，双盘时小腿交叉压住大腿的动脉，那么自然限制了大腿动脉血管供血和氧气输送到腿部肌肉细胞燃烧能量，会出现麻痹和痛楚。

但为什么坚持双盘一小时之后，慢慢就会感觉到脚底生起雄浑的气驱使酸麻呢？这股气好像从脚底和脚趾生起，涌向会阴产生快感，所以会有一段时间越坐越舒服，直至痛楚再次生起，无法抵御为止。

图1-5 双盘

这里说的气，不是呼吸的空气，而是在气脉里流动的气。双盘的其中一个目的，就是通过压制腿部动脉的血流，来刺激生起丹田和足部的气，增强心脏力量，推动血流通过被压制的大腿动脉。双盘时候脚底会发紫，但当气生起之后，脚底会逐渐恢复血色，产生轻安舒适的觉受。这感受能维持多久，和修者本身的元气有关，气弱的人就难以产生这种觉受。

**平躺**

平躺在地面上，完全地放松后，意念集中在缓慢呼气上，如果意念无法集中，那么就在每次呼气后不停顿，直接吸气。一开始修者很容易睡着，逐渐适应了修行后，神经会渐渐平稳，此时就能体会到气放松和意放松的状态，精力比睡着更容易恢复（见图1-6）。

平躺的状态是人的"死亡"形态，思维于此瓦解，修者感觉身体正慢慢沉入地下，然后像灰尘一样散落大地，所有感官逐渐停止运作，此时，是最佳观心的状态，如果睡着了，则错过了平躺修炼的精妙。

# （五）注意要点

### 1. 舌抵上腭

修炼时修者大部分时间要保持舌抵上腭的状态，即舌头自然轻松地抵住上腭，不要特别用力，上腭即上牙龈后方弯曲处，注意舌头、牙齿、牙龈要

图1-6 平躺

完全放松。舌抵上腭是补漏法，从生理上说，舌根后有两穴，左为金津穴、右为玉津穴，舌抵上腭时会调动津液分泌，此津液又叫"甘露水"，最养精气，是天然补药。吞津内养脏腑、外润肌肤。精足则气足，气足神必旺。

### 2. 提肛收阴

修炼时，修者也尽量多保持提肛收阴状态，这能帮助能量聚集，一般人临终时大肠会从肛门脱出，这是气散尽的现象。修炼中如果时常能觉知保持收腹夹臀，提肛收阴，则聚精会神。

### 3. 抽手补气

相对来说，抽手补气的动作比较容易被修者忽视，我们在"眼耳"和"鼻舌"修法时，都有这组动作。

抽手可急速加快肩臂活络，人体有六条经脉走手臂：太阳小肠、阳明大肠、少阳三焦、太阴肺、少阴心、厥阴心包。

手臂经络是否畅通是直接影响颈椎的，颈椎是人体最脆弱的地方，像膀胱经、督脉、三焦、大肠、胆经、小肠等这些重要经络都走颈椎，我们不建议直接刺激。而抽手法不仅是修炼双手，对手臂、颈椎的通畅也都起到作用。

修炼时先双手合掌，温热两掌，然后将双手朝斜前方45度反复搓摩，抽手时动作要均匀，不要过分用力，也不能过慢，意念集中在双掌掌心，以掌心为核心反复抽，手指是自然放松跟随的。

我们平时陷于事务，常常对手部不以为意，且抽手的动作看似简单，许多人会轻视。其实对身体有效的动作从来都不一定是高难度的,例如站立和平躺,这些最基础的姿势,做起来容易,做得准确却不容易,简单的动作对身体有大用,抽手亦是。

抽手能调和阴阳之气,激活掌心气感。身体是前阴后阳,手掌是掌心这面为阴,从中医角度讲,大拇指走的是肺经,所以拇指问题和肺经直接相关,大拇指下面隆起的地方叫鱼际,鱼际潮红通常是肺热;鱼际青筋多,通常是肺寒。食指走大肠经,中医认为,人本能的食欲快感来自大肠,而大肠经起于食指,这也是以"食"命名其指的由来。

中指走心包经,身体的主要问题是阴阳不和、心肾不交。《黄帝内经》里说心是君主之官,君主之官是不能受邪的,而心包经就相当于心的外卫,代君受过者。有一些人手心老出汗,这就是心包经不敛。还有一种人只要一紧张就拼命地搓手,为什么呢?因为缓解心情紧张是从手上劳宫穴抽心包经,这个下意识的动作实际上是一种自救。我们每一个下意识的动作,实际上都是身体本能一种自发的行为,许多时候是在自主宣泄。心包经在中医里属厥阴,厥阴这个词本身就代表收敛。

再说无名指,为什么"无名"呢?因为它所代表的经脉,所循行的经脉是三焦经。三焦经是一个很特殊的经脉,又叫"孤府"。因为它不可名状,不可名状不就是"无名"吗?也就是说心、肝、脾、肺、肾等五脏六腑都不是飘浮的,内含了经脉,经筋之间都有系挂,这个系挂是一个网膜,不可名状,假名"三焦"。《黄帝内经》说,三焦是"水道出焉",所以一定要很畅通才行。身体的病就是阴阳不和,水火不济,心肾不交。三焦主水,是身体的水利工程。

小指走心经,手太阳之筋起于小指,结于腕,入结于腋下。许多人颈筋拘急，发生筋痿、颈肿等症都和这个有关。从心脏病的角度来讲，如果中指麻木就是心脏病的轻症，如果小指麻木就是心脏病的重症。

抽手法是走阴而不走阳，阳为血，不容易动，所以抽手调动阴经的活跃，阴动起来，阳经本身就主动，所以就容易跟着打开。修者越修炼得法，则掌心的能量越不可思议，灌顶法、补气法皆是一理。

我们在"眼耳"修时，要求修者在听音时，用抽热的掌心放在自己的腰部，即肾腧穴附近，这是禅门的固元法之一。水火相济方得身体平衡。禅门有各种简单易行的补气法，配合禅意调息时更有奇效。

修者修炼时用内劳宫轻按肾腧位置，产生热、麻等感觉的速度则因人而异。有的修者脑门还会渗出汗珠，或者腰部出汗，此时双掌的热量直接温煦肾区，肾内虚寒邪湿之气得以转化，气血通畅者则能通过汗水排出体外。

我们常见中国古人修炼时揉核桃、揉铁球，把核桃、铁球放在手心揉来揉去，就是和这个抽手法异曲同工，每个手指都活动起来，在手掌心藏太极之象。

一阴一阳谓之道。

接下来，我们进入"五心修养"实修解析，没有体验过"五心修养"的修者，可以略过这个环节，直接跳至后面"问答篇"。

# "身意修"导引行功观想表

| 动作 | 状态 | 观想词 | 内涵 |
| --- | --- | --- | --- |
| 静坐（预备） | 静 | 我生命在宇宙里 | 宇宙里有我 |
| 起手行功 | 静转动 | 我很小，可也独存 | 宇宙>我 |
| 行功动作 | 动 | 我与宇宙平等 | 宇宙=我 |
| 双肩补气 | 动转静 | 小宇宙虽小，可也独存 | 宇宙<我 |
| 静坐观想 | 静 | 宇宙在我生命里 | 我里有宇宙 |

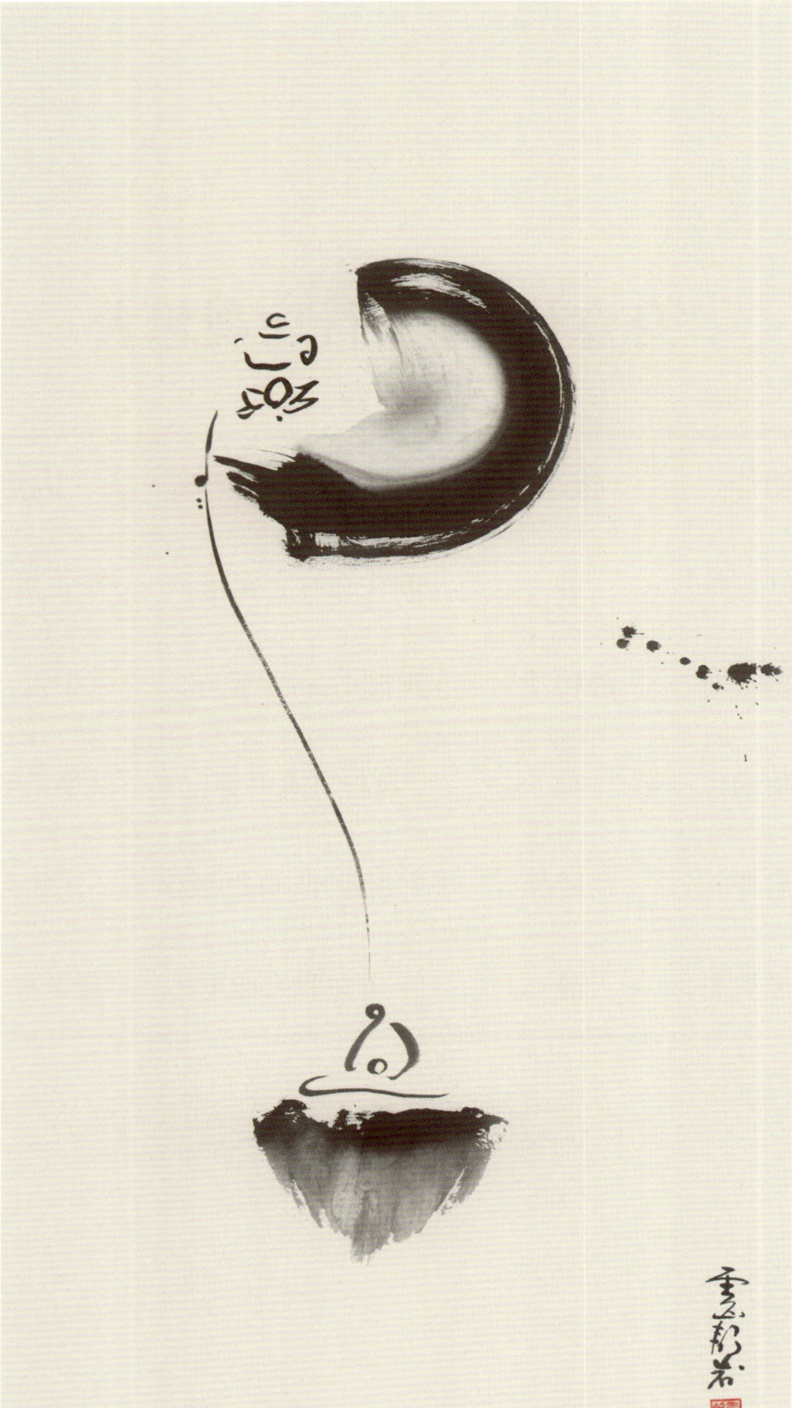

## 二 五心修养导引行功

## (一)地心修养

### 1.眼耳修

**所需物品：**禅画、音器"鼓"。

**胸背大吸气**

修者无极桩站立,两脚分开与肩膀同宽。双手重叠,覆盖于下腹(见图2-1-1)。站立时双脚脚尖朝前,脚趾微微分开,脚掌如吸盘一般吸住地面,脊背竖直,保持下颚微收;肩膀下沉放松;腹部内收,臀部夹紧。

为了帮助修者意念集中,引导老师酌情将手放在修者肚脐上(见图2-1-2),令其感受到肚脐的温热,使之气感苏醒。

引导老师一只手抚在修者后腰肾腧穴位置,另一只手在修者手部靠下的位置,这是为了帮助修者胸背大吸气时更好将气息上提(见图2-1-3)。

修者先将体内气息彻底呼出后再深吸气。呼气时将体内浊气尽数呼

图 2-1-1

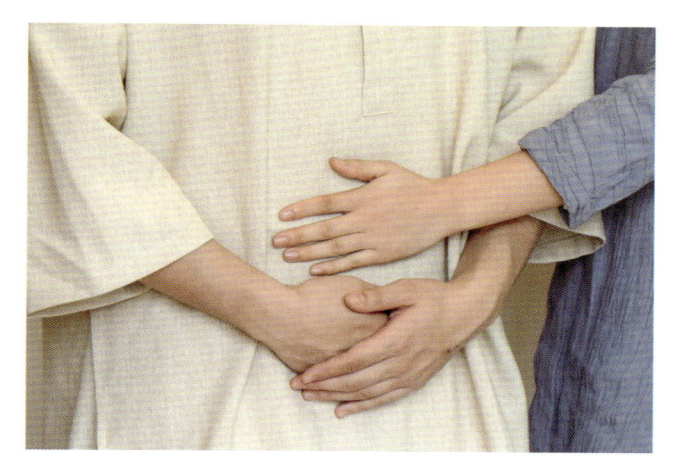

图 2-1-2

图 2-1-3

出,腹部内收,但不能像泄了气的气球;同时腹部内收也非刻意,而是气息上提且不松散。

修者深吸气时,引导老师的无名指和小指发力辅助修者翻卷腹部,将气息全部赶至胸腔;气息经过肚脐一路向上,腹部收紧,提肛收阴,胸腔自然隆起。保持气息充满的状态(见图2-1-4),屏息五秒,但不是憋气。

屏息的过程是胸腔涨满后,逐渐身心自然;如果修者过于紧张,引导老师可以让修者吐气结束。屏息本是自然的,就如把一个球向上抛起,球到最高点后不是立刻掉下来,而是会有停顿。

修者呼气放松时,有控制地细长而缓慢地将气呼出,同时引导老师用大拇指和食指微微发力帮助修者将气向下推,直到最后双手放松不再发力(见图2-1-5)。所有气息呼尽后,肛门会阴自然放松。

反复三次大吸气后,闭上眼睛,双手下垂,自然呼吸内观。

**禅画观想**

修者面对禅画站立,双手重叠在下腹气海处,此时意念集中在双手掌和下腹气海处相应的感觉上。

闭目调整呼吸,引导老师在修者闭目调息时轻轻打开禅画帘,修者在三个深长呼吸后自觉睁眼,正视禅画,从禅画正中心向外扩展观画,体会"在禅画中寻找生命本源"(见图2-1-6)。

修者要熟悉前文述说站功的要点,引导老师注意观察修者面部表情、颈部、肩膀等是否放松。禅画修养不是禅画欣赏课,观画时只看无想,心集

图 2-1-4

图 2-1-5

图 2-1-6

中在画上,眼放松,意放松。

修者不要试图理解画的内涵,随心而观。眼放松怎么做?先尝试不胡思乱想即可,如果意识停留在分析画上,眼必然不能放松。

观画后,保持自然呼吸,闭目感受身体能量的变化。

**听音观想**

修者依然原地保持站功,将双手抽热,沿腰两侧轻柔自然地滑至后腰(见图2-1-7)。

双掌掌心劳宫穴轻贴在双腰的凹陷处,大拇指朝前,四指自然向后(见图2-1-8),意念集中在掌心和对应位置气流的变化上。

闭目深长呼吸三次;引导老师会敲奏相应的音器,修者观音而不去分别音的内容、形式、大小、远近;心集中而耳放松(见图2-1-9)。

掌贴后腰时,有的修者会不自觉地耸肩,这是紧张的表现,引导老师此时要观察修者身体是否放松、正直,并注意手掌不要过分用力按压腰部,这样会阻碍气息的沟通,双掌只是轻贴,手越放松,肾区附近会越快感受到温热的气流,像个火炉一样越来越热。通常情况下,意念越集中的修者,气感越强烈;相反,杂念越多、身心越散漫的修者,基本上无知无觉,体会不到什么叫气流变化。

和观禅画一样,修者观音时依然身处闭合的幔帐里,引导老师在幔帐外施音,修者闭目感受音波的震颤和身心受音、观音、觉音时的变化。所有的注意力集中在音和身心的沟通上,此时是地上掉了根针,或幔帐有微风

图 2-1-7

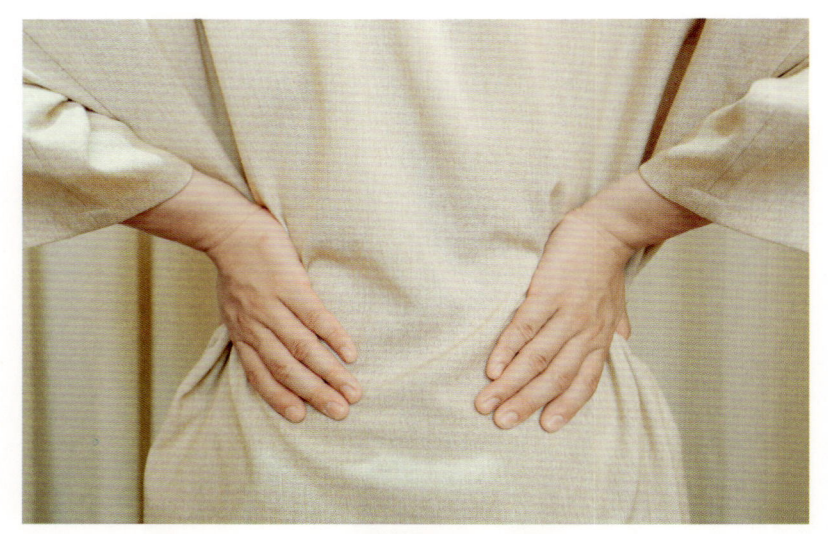

图 2-1-8

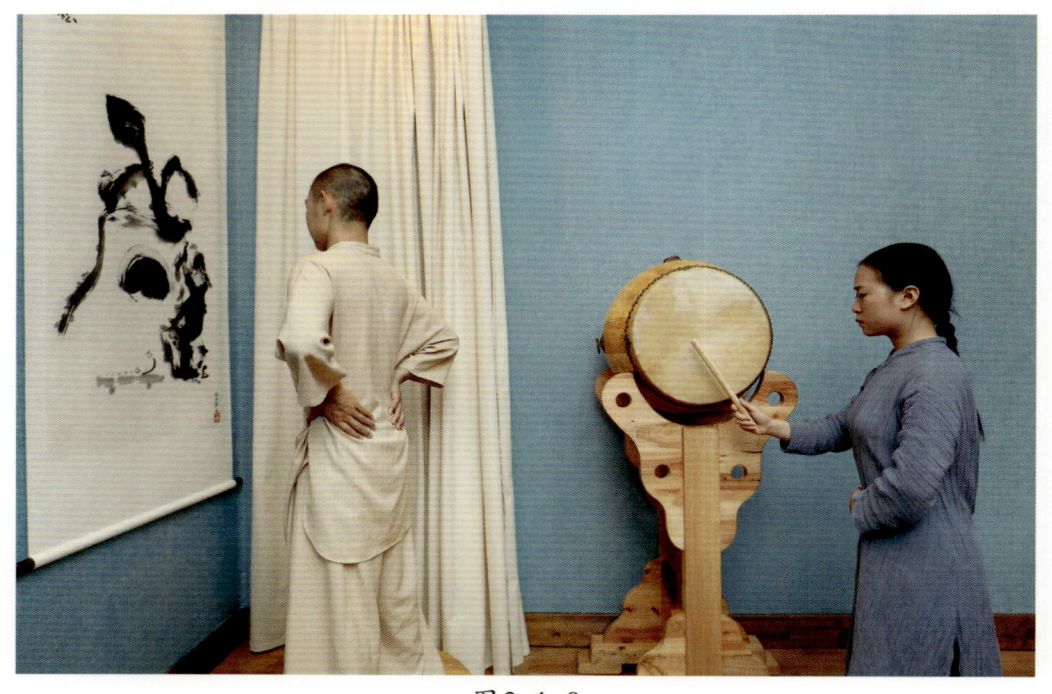

图 2-1-9

吹拂都能被"观"到的状态。

修者闭目感受音波经耳而达四肢百骸,身心会产生震荡。在这个过程中,每位修者反应不同,有人会感觉口中的津液增多,有人会打嗝、排气,有人会头痛,有人会满眼金星,诸如此类,都是精神集中后身体正常的反应,修者不必执著和停留在这些无常的现象里。

有的修者观音结束后似乎仍闻余音环绕,同样也不必执著。

**眼耳补气**

观音结束后,修者随引导老师提示,双手于胸前合掌,之后如前文所述"抽手补气",双手斜上,掌心完全贴合,渐快抽热,手指自然放松,以掌心为轴相抽(见图2-1-10)。

然后将温热的双手掌心轻轻覆盖在眼球上(见图2-1-11),闭目后左右转动眼球,感受掌心之气的温润,停留10秒后睁眼。

双手覆盖眼睛时切勿用力按压,体会若即若离、若有若无的压力,之后匀速转动眼球,左右各10圈,使掌心气息温热日常疲劳的双目,令眼睛温润明亮。

再次抽手,之后将掌心对准耳孔,闭目(见图2-1-12),感受掌心气息进入耳孔,停留10秒后,先睁开眼睛,然后再将两手缓慢放下。

耳补气结束后,修者走出幔帐,活动双腿,准备进入鼻舌修。

图 2-1-10

图 2-1-11

图 2-1-12

## 2.鼻舌修

**所需物品**：盖巾、铜碗、凉水、根据季节和时间段而准备的男女不同熏品以及禅丸、茶水。

**禅茶观想**

**静坐调息**

修者在鼻舌区的椅子上正坐，双手结三昧定印，闭目静坐调息（见图2-1-13）。三昧定印的印相是以右手背安于左手掌上，两手拇指平摆互抵，横舒两手，置于脐下，端身闭目，头微屈，腋下微松，注意力放在自心上（见图2-1-14）。

**禅茶熏法**

引导老师放茶注水，修者耳闻水流声，眼观茶沉浮，静心等候（见图2-1-15）。

注水后，修者身体前倾，双肘平展，双手重叠于碗前（见图2-1-16）。

将盖巾展开，覆盖于头部（见图2-1-17）。此时，头部和熏碗在一个封闭空间里，熏碗的气能集中挥发，修者的注意力也随之更加集中。这时修者观想"闻到的香味是生命本源，无有其他。"

熏气结束后缓慢起身，双手重叠在腹部，闭目静坐（见图2-1-18）三个

图 2-1-13

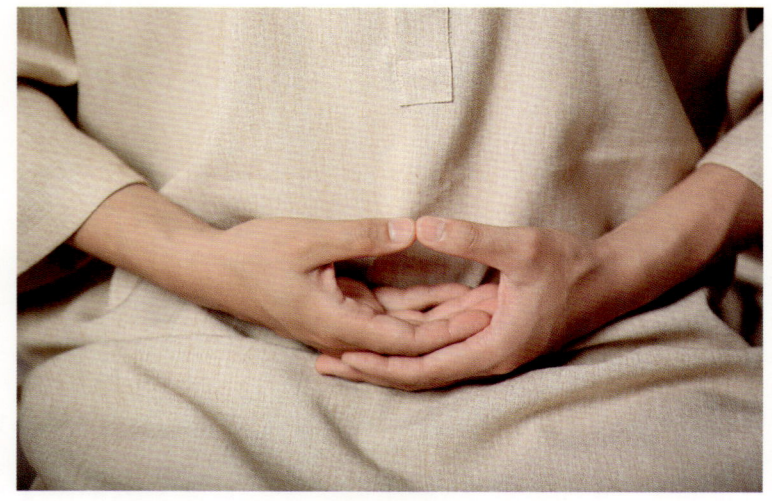

图 2-1-14

图 2-1-15

图 2-1-16

图 2-1-17

图 2-1-18

自然呼吸。

　　禅门祖师由于长时间在深山闭关，免不了要和湿寒邪毒斗争，故而经常因地制宜地采用花草果木入药，帮助调身病、通气脉，我们称之为"熏疗"。熏法有多种，因时而异，因人而异，因境而异，因地而异，或冷熏，或熬汤，或干熏，或温灸，凡此种种皆非定法，禅门用熏法帮助气血通畅、御寒排湿、温阳调阴已有悠久的历史。

　　"五心修养"按照每一心修者的体质选取了不同的熏料，令修者意念更容易专注。身体受益于温熏疗养，补充身体内部缺失的元气和能量，强壮脏腑功能，收摄全身感官，净化身心，开启智慧。

　　地心导引是用铜碗熏，用的是凉水，熏料通常建议将五年以上的陈皮用于女士。陈皮辛散通温，气味芳香，长于理气，能入脾肺，又能行散肺气壅遏，行气宽中，健脾降逆，开胃除湿，化痰祛风，下气平喘。

　　对于男士，我们建议选用野生蓝莓来熏，蓝莓能够增强人体免疫力，中和体内自由基，增强免疫系统功能，并且富含类黄酮，可以启动大脑活力，明亮眼睛，对于心血管和男性的泌尿膀胱系统也有好的作用，此外还能帮助便秘的改善。蓝莓中富含锰，对骨骼发育起到关键作用。有人觉得蓝莓太甜，其实蓝莓本身有降低血糖的作用，糖尿病患者都可以食用。

## 导引

　　修者双手胸前合掌，斜上抽手。

　　然后双手十指交叉，两肘带动向上打开，直到手指自然贴合在手背上

（见图2-1-19）。

这时意念集中在掌心，速度均匀缓慢地滑过头顶，经过头部的各个穴位，掌心的气场陆续唤醒脑部细胞，使得头脑更轻松（见图2-1-20）。

双手继续下滑到后脑，也就是风池、风府穴位置，修者双肘自然展开，停留三个呼吸（见图2-1-21）。之后手肘放松，双手十指自然松开（见图2-1-22）。

双手松开后，手掌沿着颈部滑向胸前，经过两乳，手掌滑过身体部位时，意念跟随手掌去感受掌心气场的温热，沿两乳下滑的动作要缓慢。

十二正经里有七条与胸部乳房贯穿表里。这七条加上奇经八脉里的前任后督一共与乳房相关的是九条经脉。足阳明胃经，行贯乳中；足太阴脾经，络胃上膈，布于胸中；足厥阴肝经上膈，布胸胁绕乳头而行；足少阴肾经，上贯肝膈而与乳联；冲任二脉起于胸中，任脉循腹里，上关元至胸中；冲脉挟脐上行，至胸中而散。

据《黄帝内经》记载：男子乳头属肝，乳房属肾；女子乳头属肝，乳房属胃。可见，肝、肾、脾胃功能是否正常以及肝胃两经、冲任二脉是否通调，在脏腑气血津液中，以肾的先天精气、脾胃的后天水谷之气、肝的藏血与疏调气机和乳房区域的气血关系紧密。《黄帝内经》说，经脉气血者，"所以能决死生，处百病，调虚实，不可不通"。经脉和络脉就是人体的微循环，为人体输送气血津液和排毒，人体脏腑机能的平衡有赖于经络气血运行的调畅，而前胸乳房区域常被忽略，其不畅则情志失调，经络瘀堵，肝气郁结，胃热壅滞，冲任失调，身体心肾不交，水火不济。修者要时常关心打通身体的淤堵，时常清理淤积的毒素。

图 2-1-19

图 2-1-20

图 2-1-21

图 2-1-22

双手继续下滑最后叠放下腹,闭目静坐调息,脊背竖直,舌抵上腭,全身松而不懈。

此时的静坐调息和胸背大吸气时的状态一样,吸气时引导老师辅助修者腹部收紧,屏息五秒,呼气放松,反复调息三次。

调息结束后,饮用茶水。

**禅丸补气**

修者将禅丸放在舌根后面,此时口腔会因禅丸的反应,津液增多,修者慢慢吞咽,体会禅丸在舌后自然融化,体会口中津液的分泌(见图2-1-23)。

修者含禅丸后仰,躺在椅子上,身体完全放松,双手自然地放在腹部。此时意念集中在禅丸上而舌放松。

引导老师帮助太阳穴补气,修者如此时进入似睡非睡的状态,属于正常现象。

太阳穴是经外奇穴,此穴位补气可以清肝明目,通络活脑,清凉舒心,太阳穴位于颅顶骨、额骨、蝶骨及颞骨的交汇处,称为"翼点"或"翼缝"。是颅骨骨板最薄和骨质最脆弱的部位。但又是最容易接受气场的部位,这里是进入脑部的大门,那么是补充正气,还是糊里糊涂地生活,输入病邪而不知,就在于修者的选择了。

现代人常常用脑过度,也时常感觉头晕健忘,这和循行头部的经络堵塞有关,此时的补气法是疏通头部的最直接方法,气通血就通。补气法

图 2-1-23

不仅能补,还有很好的去火作用,活化大脑,对熬夜、肝火旺引发的头痛以及风寒引起的麻木有及时缓解的作用。补气时,修者意念越集中,则这些部位越会很快发热、发烫,还有人会出汗,这是血液循环畅通的缘故。

禅丸补气片刻后,修者坐起,再次饮用茶水。

鼻舌修结束,修者起身活动,准备进入身意修。

## 3. 身意修

**所需物品:** 茶水、盖毯等。

**地心导引行功**

修者进入身意区,如前文所述,根据情况选择好盘坐姿势,进行坐功修炼(见图2-1-24)。

修者无论选择单盘、散盘、双盘哪种坐姿行功,首先注意的是一定要保持平衡。坐下后,引导老师会先检查修者两膝盖及臀部这三个点是否形成一个稳定的三角形,如果有一边不平衡,老师会在修者对应的臀部下方垫上垫子,以达到平衡。

其次,需要检查脊背有没有竖直,现代不少人有脊椎问题,坐不直,引导老师会用手掌轻抚,尽量帮助修者意识到脊背的问题,也可能按压两肩帮助修者放松紧张的肩颈。

图 2-1-24

图 2-1-25

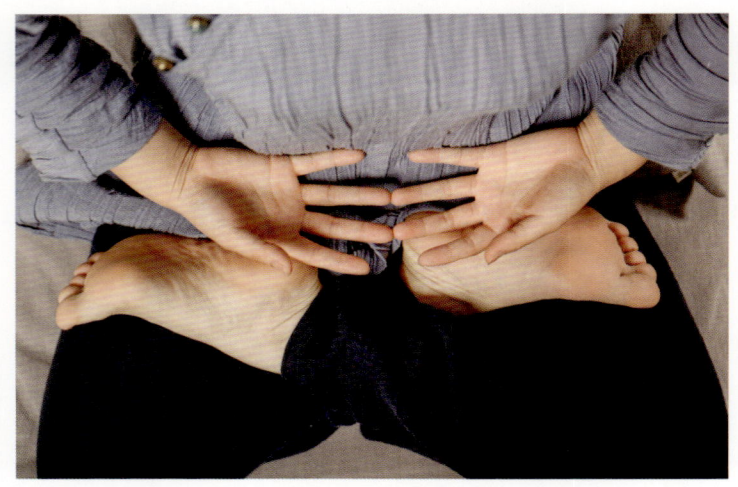

图 2-1-26

双手掌心朝上结"不二印"(见图2-1-25),中指、无名指相抵,其余手指放松,两手小指放在气海穴两侧(见图2-1-26),同时注意保持肩颈放松,腋下微张。双手结印后意念集中在手指上,然后闭目观想"我生命在宇宙里。"

起手行功,观想"我很小,可也独存。"然后将意念从刚才的观想转到两手掌心气场的感觉上,感觉身体所有的能量聚集在两手掌心。三次呼吸后,由大臂带动双手向上缓慢抬起,意念放在两手变化上。

双手继续上抬,掌心向下,直至两掌分别与肩同宽、平齐(见图2-1-27),呼吸自然,身体放松,特别是手掌勿紧张。

五指微微张开,自然舒展,两掌似握球状(见图2-1-28),内心要感受到双手握住双球,左阳右阴如日月在手,身体就是活的乾坤太极图。此时观想"我生命的一切回向给大地。"身心、双手中的日月和坐下的大地合一。

保持三个呼吸,意念专注在双手气场的感觉上。

快速用力深吸气,力度要深长且速,但不急促,观想"掌心引大地",双手平行后拉(见图2-1-29)。

当手后拉到一半的时候,要再一次用力深吸气,将所有能量都聚集到胸腔及头部,屏息让能量在上部循环,双手继续后拉,直到手肘贴靠肋骨(见图2-1-30)。吸气时腹部翻卷,肋骨上提,整个胸腔被气息充满,好像要爆炸一样,掌心朝前,两肩胛骨用尽全力夹紧,肩膀向后完全展开,随后屏息五秒,腹部同时收紧。

缓慢呼气,上胸腔、肩膀随着呼气缓慢由上而下放松,双手向前自然推

112　五心修养

图 2-1-27

图 2-1-28

出,掌心朝前,掌根用力,观想"掌心分地养育万物。"

继续呼气,双手继续向前推,直到手臂舒展。

手腕放松双手掌心向下,回到掌心引大地前的状态(见图2-1-27),自然呼吸,观想"我与宇宙平等。"

导引行功可以反复二至三次,快慢、次数由引导老师观察修者当时情况,因人而异。

导引行功结束后,修者双手手腕内收交叉,观想"掌心形成生命能量"(见图2-1-31)。

手肘缓慢弯曲,手掌平移至肩膀,掌心轻放肩头(见图2-1-32、图2-1-33),注意手肘的位置不要抬得过高,也不要放得太低,如果有修者双手掌心难以放置肩头,可将手肘稍微上抬,但注意保持肩膀放松。

双掌覆盖在肩头时,修者要将意念全部集中于掌心,感受生命能量在掌心逐渐形成。此时轻轻地闭上眼睛,去感受刚才行功时的气血运行,感受生命能量形成时身体逐渐温热,感受能量通过肩膀遍布全身。意念专注放松,观想"掌心生命能量布满全身;小宇宙虽小,可也独存。"

停留六个呼吸后,睁开眼睛,然后开始移动双手,此时意念始终集中在掌心,双手从肩膀抽离,手肘下落,带动双手自然地滑下肩头。

继续下滑,在下滑的过程中观想或轻念:"地转水,水转火,火转风,风转空,空转生命",观想或念到"空转生命"时,双手正好移至下腹气海穴位置,结三昧定印,调匀呼吸,再次闭眼调息。

人之身为地、水、火、风四大和合所成。空,是定位功能。

人死时,四大解体,次第即地—水—火—风—空。最初空转地,人身体

图 2-1-29

图 2-1-30

图 2-1-31

116　五心修养

图 2-1-32

图 2-1-33

感觉有如山压,呼吸困难;再次地转水,感觉寒湿冰冷,簌簌发抖;之后寒湿消失,变成潮热,水转火,人如在滚汤中煎熬;再次火转风,感觉身体被掏空一般,被风吹为微尘,散落空中。解体至空方得有新生,真空生妙有。

四大解体是凡人心中最恐惧的过程,平日里无修行功夫的,谁也难逃这种痛苦,迟疾的是解体过程,过程前心理上的恐惧却无法以时间计算。即便可以用药物解决疼痛问题,可以安乐死,但也难以解脱时刻存在的怕死、怕痛、怕灾难的恐惧心,唯有时刻修持自己的功夫智慧,方可得生命长安。

四大消散的过程,不仅死亡时,生命每一次转化都要经历一次,例如专修静坐,功夫提高过程中一定伴随着一次次的四大消散,通常的感受是坐着坐着身体感觉沉重,腰酸背痛,呼吸困难,之后地转水,感觉骨关节呼呼向外冒冷风,之后寒湿消失,变成潮热,手心、脚心、心口发热,冒火一样,再次火转风,感觉身体没了。

凡人四大消散是死亡,修行四大消散是唤醒。煎熬过去后,起身时,修者感觉身轻如燕,走路如在云中一般轻盈,这些唯有实修的人经历后才有深刻体会。一次次的消散,是一次次转化的过程,这里"六根清净"修法,就是依据消散的规律引导修者转化的。

调息完毕,修者双手五指张开;用力下勾成虎爪状(见图2-1-34),搭在肩头。

两手手肘打开与地面平行,略宽于肩。

五指固定不动,然后以肘尖为轴大幅度地向内画圈旋转,转动时两手位置固定不变,双肩尽量舒展打开,保持速度均匀,让肩膀随着肘尖画圆的节奏不断地向前、向后放松。

向内十圈后,再向外十圈,转肩时注意速度均匀不要过快,保持自然呼吸。

双手落下,再次重叠在下腹气海穴处结三昧定印。

**坐禅观想**

第一,修者选择自己相应的坐姿修炼坐功,记住前文所述的坐禅要点,双目微闭,全身放松(见图 2-1-35)。

静坐属于意根修养,时间并非越久越好。坐功修炼的时间长短不是意识能否清净的决定因素,刚才的身根修炼是极动状态,通常修者会通体大汗。而意根修养时转到极静状态,调整好坐姿的稳定,双手结三昧定印,感受身体在眼、耳、鼻、舌、身五种修炼后的能量变化,观想:"宇宙在我生命里。"

感受身体里的能量好像水波一样,如何起波浪,如何出涟漪,周身越放松,意念越集中,则观照得越清晰。感受究竟什么在动、什么在静。

有人会问,在家里也静坐,在五心修养室内静坐会有什么特别吗? 当然是有的。在"五心修养"时,修者境界日趋不同,可以体会由静坐至坐禅的变化,坐禅,禅是体,坐是用,我们前文说过,五心修养室就是禅门的维摩方丈室,是转化身心的道场,其根据每一心特定的格局、颜色、灯光、气味、音声、熏器、材料等,是因人而异帮助修者身心转化的。这个地方,也是引导老师们时常自我修炼的地方,气场稳定,修者如果相应,则必然能潜移默

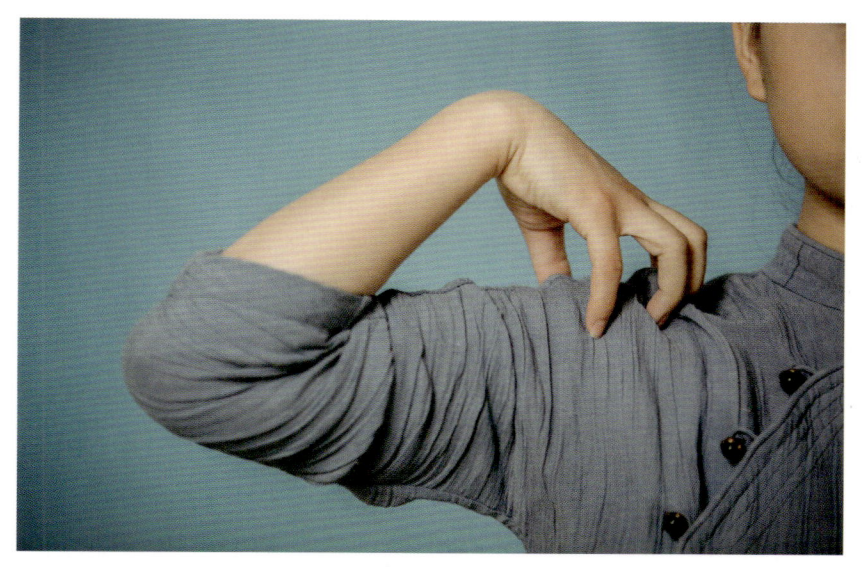

图 2-1-34

图 2-1-35

化地转化身心。

第二，静坐十分钟后，在引导老师的辅助下，再次完成三个胸背大吸气，然后结束坐功修炼。

第三，平躺放松收功。如前文所述，平躺放松是特别重要的收功方式。如果没有收功，或者收功时散漫，只是走流程，修炼是不完整的。中国传统的修炼最重视回向，没有了收就没有了循环，没有了再生，前面修炼过程中积聚的能量不会使人受益。

第四，修者双腿舒展，平躺，双手重叠在下腹气海穴，感受身体与大地融为一体，意念集中在脚心，感受身体里长期积累的毒气在刚才的修炼过程中被疏通了，现在通过脚心这个门往外排出。

第五，缓慢将气呼尽，再深吸气，吸气时肚子鼓起，到达极限，屏息五秒。

第六，然后呼气，肚子自然下凹，将气息完全呼尽。初修者如无法顺畅完成呼吸时，引导老师可以将手放在修者腹部辅助完成。

第七，如此呼吸反复三次后，自然呼吸，身心完全放松。随着每一次呼吸，感觉从足心缓慢至头顶的层层放松。

平躺时，观想"身体内所有能量回归大地。"

第八，平躺调息后，引导老师帮助修者太阳穴补气。

如前文所述，太阳穴补气是帮助修者头部清凉的修法，此修法在于体现了天、地、人合一。

引导老师头部施功（天），修者意念集中于足心（地），双手重叠在下腹（人），三者圆融无碍，身体一气周流，引导老师、修者和天地宇宙仿佛融为一体,就好像丢进水里的海绵,不知道是水在海绵里,还是海绵在水里。

此时修者观想"宇宙即我,我即宇宙;菩萨即我,我即菩萨;心即我,我即心,除了自己以外别无宇宙,别无菩萨,别无心。"如此反复,全身元气很快自然充沛,头顶清凉,足心温暖,肚脐盈润。修者越信任、越放松,这种合一的状态就越圆满,身体的循环和代谢也就越好,眼耳、鼻舌、身意仿佛不存在了,其他什么仿佛都不存在了,没有五心、没有引导老师、没有我,什么都没有了。

第九,补气后,引导老师唤醒修者,修者起身盘坐。此时,六根的感觉逐渐恢复,但又和进入修养时绝然不同,许多人能初始感觉什么是"清净"。

第十,引导老师帮忙抽脊放松。修者此时身心轻松,静静地去感受引导老师抽脊发力的气感,意念跟随引导老师手掌在脊背流动,整个脊柱的气流随着手掌涌动,身体会有温热反应。

抽脊放松过程中,引导老师分别会在颈椎、胸椎、腰椎的关键点上变化力量,颈椎和心脑智力有直接关系,是身心相应的核心点;胸椎和情绪、心肺直接关联,是畅通气血的核心点;腰椎和能源、心肾直接相关,是产生精气的核心点。

反复从上往下抽脊使得脊柱弹力丰满,坚固灵活。同时也使脊柱周边的经脉气血顺畅,使得全身轻松舒畅。

第十一,抽脊放松完成后,引导老师同修者一起饮用茶水。多饮茶水能够帮助体内垃圾的代谢。

地心修养法结束。

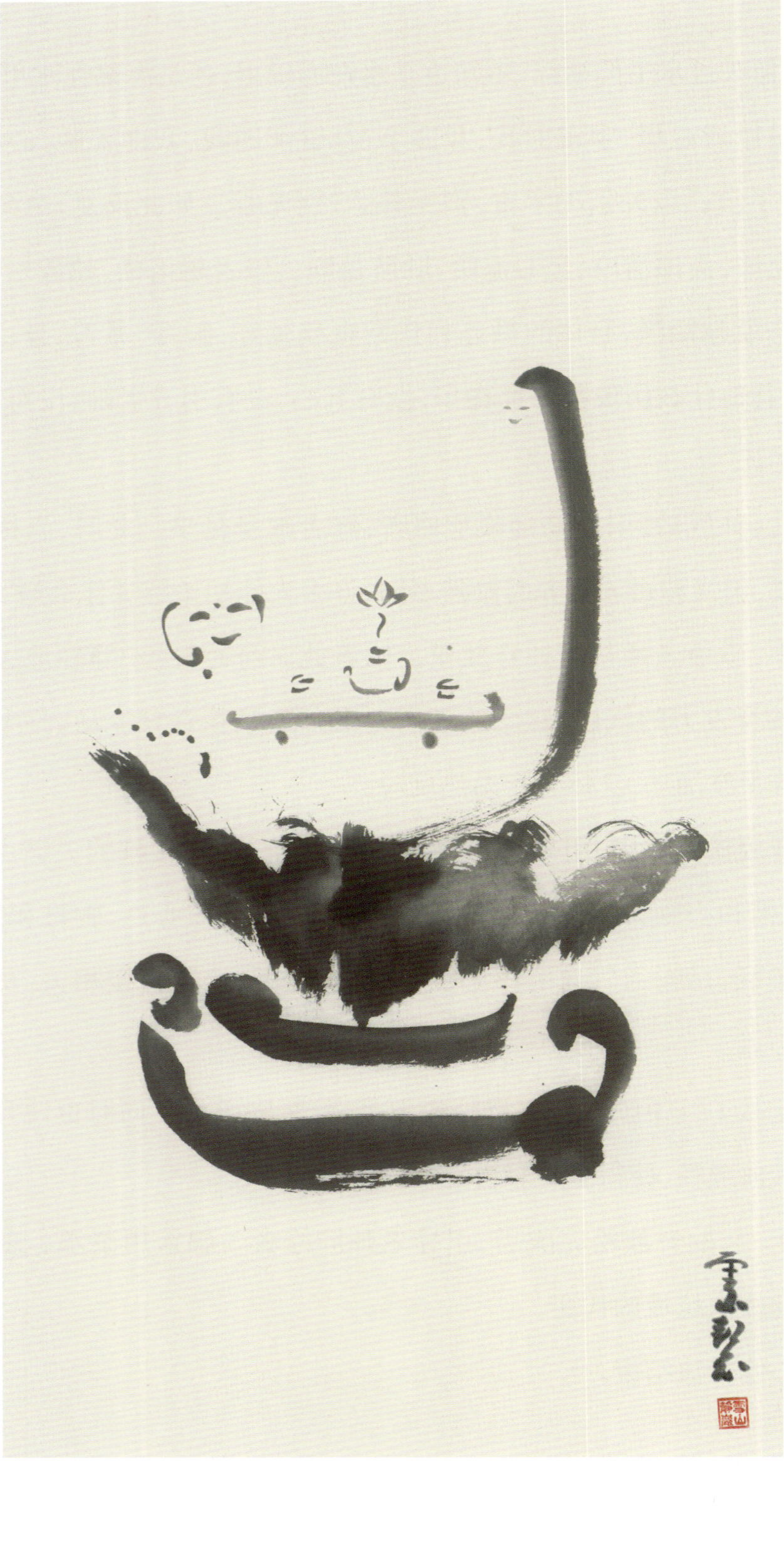

# (二)水心修养

## 1.眼耳修

**所需物品:** 禅画;音器"锣"。
**修炼步骤:** 与地心修养相同。

## 2.鼻舌修

**所需物品:** 盖巾、瓷碗、开水、根据季节和时间段而准备的男女不同熏品以及禅丸、茶水。

水心导引是用瓷碗熏,用的是开水,熏料通常建议将玫瑰红茶用于女士,玫瑰红茶有益于心脏,具有降血脂、舒张血管的功效。

对于男士,我们建议选用茉莉花茶和绿茶来熏,茉莉花茶和绿茶都是弱碱性的,能安神,解抑郁,健脾理气,有提高机体免疫力的功效。

**修炼步骤:** 与地心修养相同。

## 3.身意修

**所需物品:** 茶水、盖毯等。

**修炼步骤:** 此处基本步骤同地心修养,唯行功动作有所区别,详见下文。

**水心导引行功**

第一,双手掌心朝上结"不二印",中指、无名指相抵,其余手指放松,两手小指放在气海穴两侧。结印后意念集中在手指上,闭目观想"我生命在宇宙里。"

第二,起手行功,观想"我很小,可也独存。"然后意念从刚才的观想转到两手掌心气场的感觉上,感觉所有的能量聚集在两手掌心。三次呼吸后,由大臂带动双手向斜前方缓慢抬起,意念放在两手变化上,手掌随着手臂的带动慢慢打开,此时双手在两膝盖的正上方(图2-2-1)。

第三,双手继续上抬,同时十指用力均匀分开,弯曲成勾弧状,类似虎爪(见图2-2-2、图2-2-3)。

第四,翻转手掌向上,两手掌心斜上45度相对,此时手臂位于身体的

图 2-2-1

图 2-2-2

斜前方(见图2-2-4);观想:"我生命的一切回向给大水。"

第五,保持动作三个呼吸,意念专注在双手的感觉上。

第六,快速用力深吸气,力度要深长且速,但不急促,观想"掌心引大水",双手带动手肘、大臂向内下沉聚拢(见图2-2-5)。

第七,再次深吸气,将所有能量都聚集到胸腔及头部,同时双手从下翻转向上,掌心完全朝上,两手中指轻碰(见图2-2-6),屏息五秒,腹部收紧,肩膀耸立,让能量在上部循环。

第八,缓慢呼气,上胸腔自然向下放松;同时双手向外打开(见图2-2-7),此时观想"掌心分水养育万物。"

第九,双手回到掌心引大水前的动作(见图2-2-4),自然呼吸,观想"我与宇宙平等。"

第十,导引行功可以反复二至三次,快慢、次数由引导老师观察修者当时情况,因人而异。

导引行功后,按照地心修养相同步骤完成修炼。

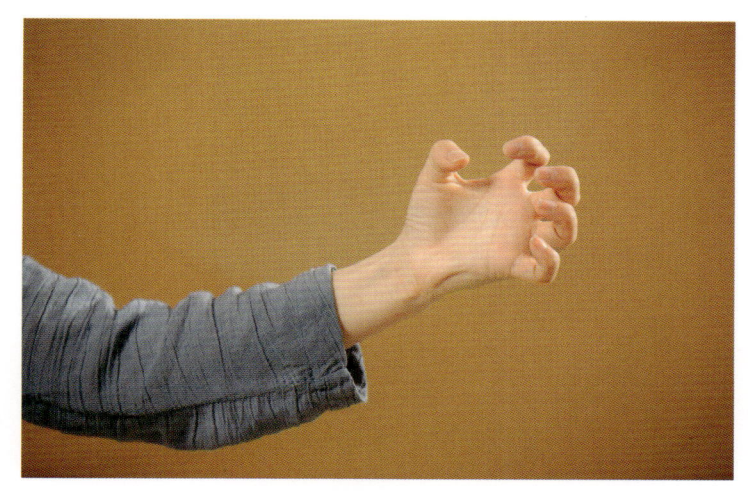

图 2-2-3

图 2-2-4

图 2-2-5

图 2-2-6

图 2-2-7

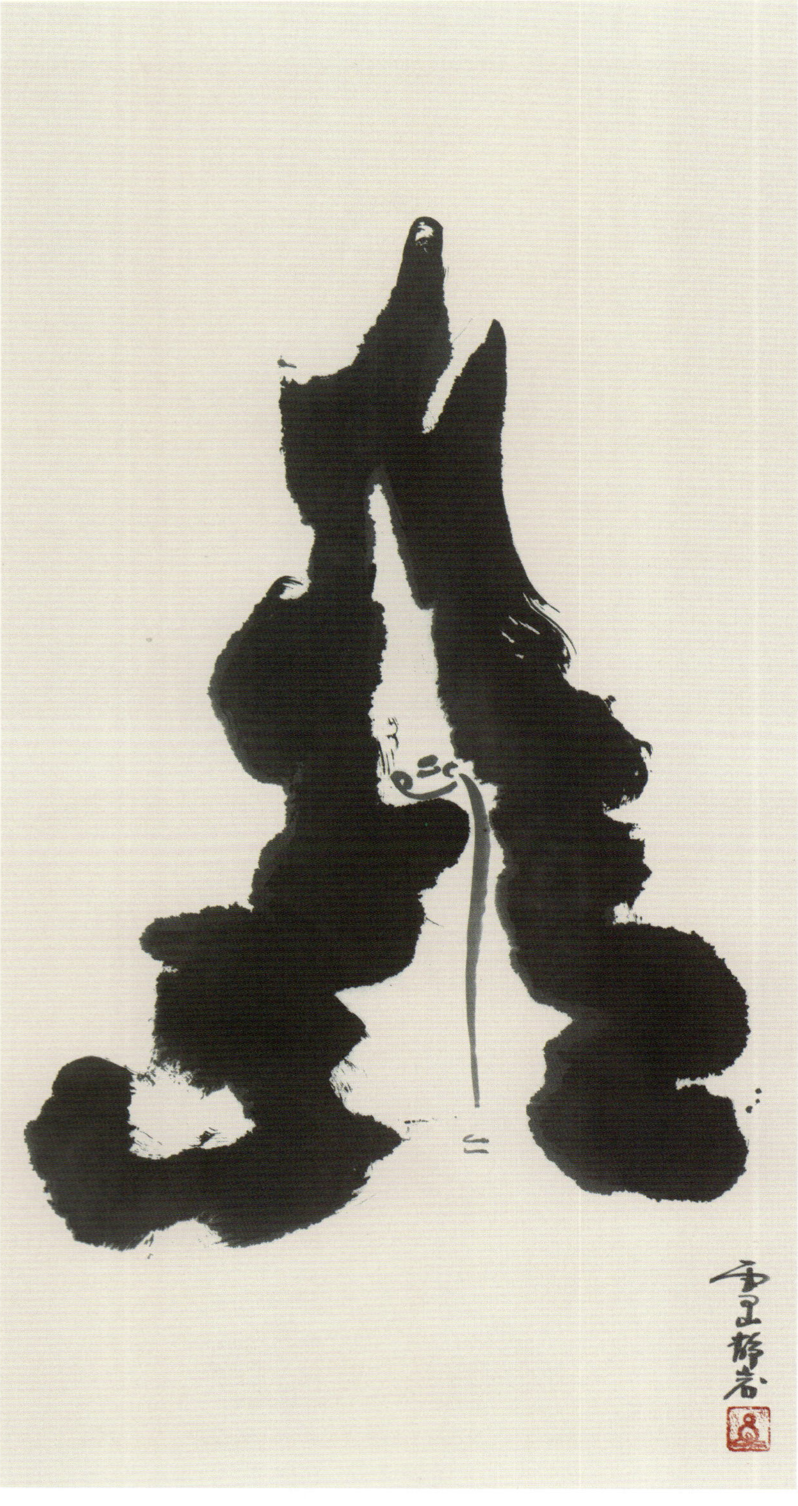

# (三)火心修养

## 1.眼耳修

**所需物品:** 禅画、音器"磬"。
**修炼步骤:** 与地心修养相同。

## 2.鼻舌修

**所需物品:** 盖巾、木碗、根据季节和时间段而准备的男女不同熏品以及禅丸、茶水。

火心导引是用木碗干熏,熏料通常建议将乌梅用于女士,乌梅归肝、脾、肺、大肠经,熏气过程中乌梅散发出的香味能敛肺、生津。

男士我们建议用山楂,山楂具有健脾开胃、消食化滞、活血化痰的疗效。

**修炼步骤：**与地心修养相同。

## 3.身意修

**所需物品：**茶水、盖毯等。

**修炼步骤：**此处基本步骤同地心修养，唯行功动作有所区别，详见下文。

### 火心导引行功

第一，双手掌心朝上结"不二印"，中指、无名指相抵，其余手指放松，两手小指放在气海穴两侧。结印后意念集中在手指上，闭目观想"我生命在宇宙里。"

第二，起手行功，观想"我很小，可也独存。"然后意念从刚才的观想转到两手掌心气场的感觉上，感觉所有的能量聚集在两手掌心。三次呼吸后，大臂带动双手向两侧面45度打开、上抬，意念放在两手变化上（见图2-3-1）。

第三，双手继续上抬，五指放松轻柔地聚拢在一起（见图2-3-2、图2-3-3）。

图 2-3-1

图 2-3-2

134　五心修养

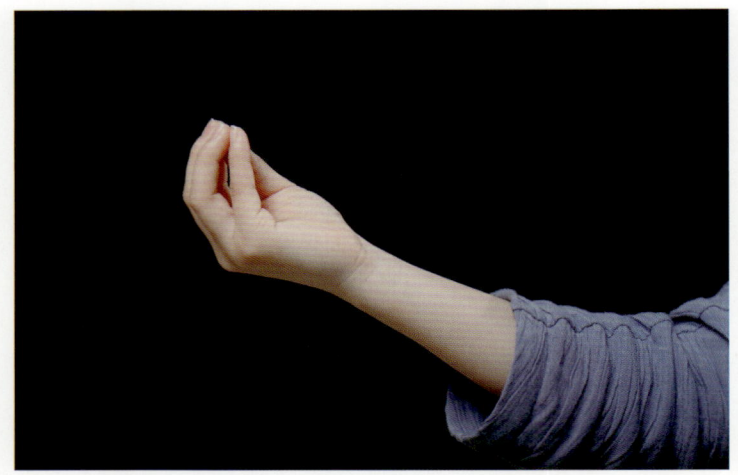

图 2-3-3

图 2-3-4

第四，翻转手腕，掌心朝上，双手打开在同一平面，且与肩平齐（见图2-3-4）；观想"我生命的一切回向给大火。"

第五，保持动作三个呼吸，意念专注在双手的感觉上。

第六，快速用力深吸气，力度要深长且速，但不急促，观想"掌心引大火。"同时双手带动手肘、大臂向内（见图2-3-5）。

第七，当双手接近时，双掌缓慢由内向下翻转（见图2-3-6）；再次深吸气，将所有能量都聚集到胸腔及头部，同时两手向上提起，双手指尖朝下相对，两手中指轻碰，两臂腋下打开（见图2-3-7）。屏息五秒，腹部收紧，肩膀上提，让能量在上部充分循环。

第八，缓慢呼气，上胸腔自然向下放松；双手向外打开，双掌翻转向上（见图2-3-8），此时观想"掌心分火养育万物。"

第九，双手回到掌心引大火前的动作（见图2-3-4），自然呼吸，观想"我与宇宙平等。"

第十，导引行功可以反复二至三次，快慢、次数由引导老师观察修者当时情况，因人而异。

导引行功后，按照地心修养相同步骤完成修炼。

图 2-3-5

图 2-3-6

图 2-3-7

图 2-3-8

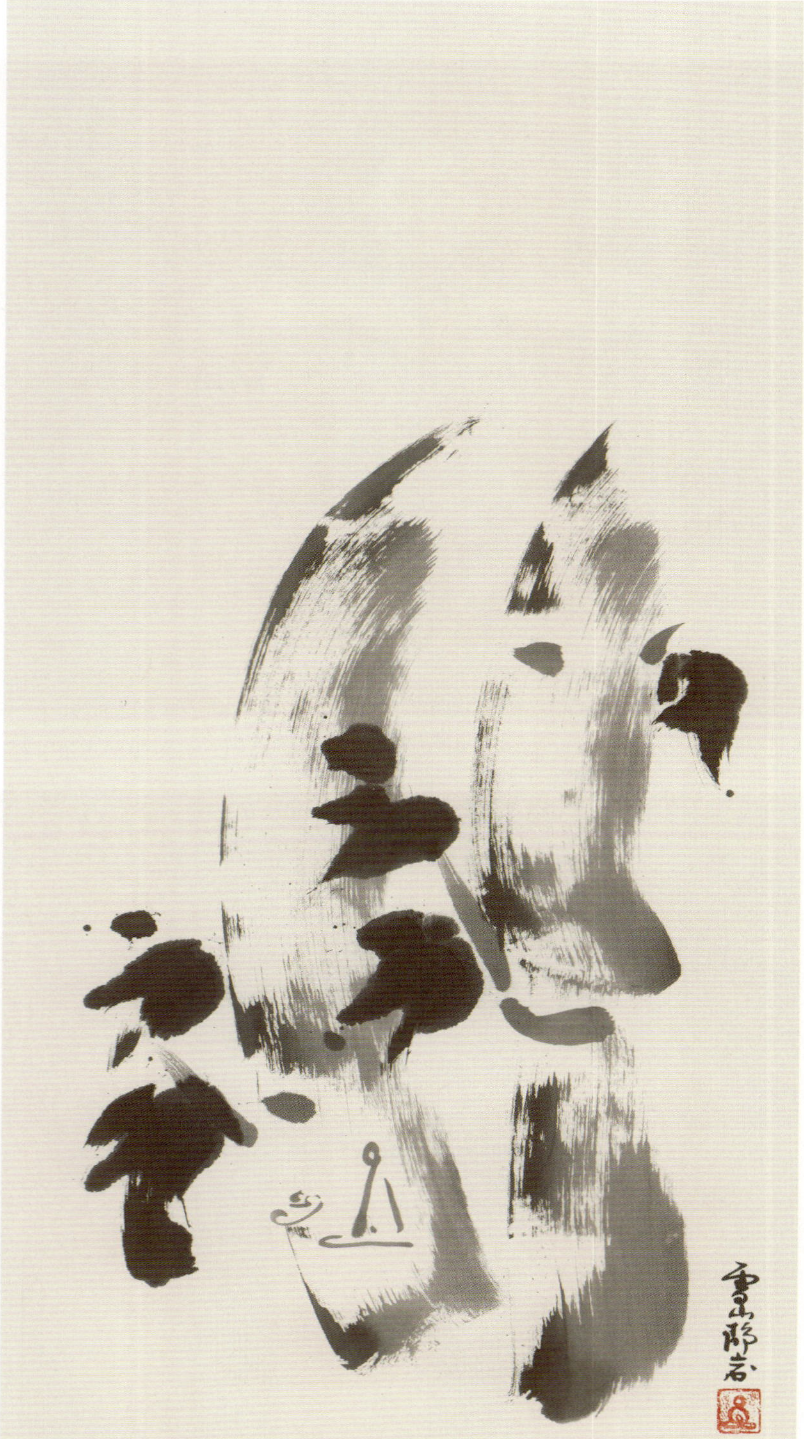

## (四)风心修养

### 1.眼耳修

**所需物品:** 禅画、音器"木鱼"。
**修炼步骤:** 与地心修养相同。

### 2.鼻舌修

**所需物品:** 盖巾、陶碗、热水、根据季节和时间段而准备的男女不同熏品以及禅丸、茶水。

风心导引是用陶碗熏,用的是70度左右的热水。熏料通常建议将枸杞用于女士,枸杞性甘、平,能够补肾益精,养肝明目,补血安神,生津止渴。

对于男士,我们建议选用西洋参来熏,西洋参能够增强人体免疫力,有降虚火、调节内分泌及改善心血管功能等作用。

**修炼步骤：**与地心修养相同．

# 3.身意修

**所需物品：**茶水、盖毯等。

**修炼步骤：**此处基本步骤同地心修养，唯行功动作有所区别，详见下文。

**风心导引行功**

第一，双手掌心朝上结"不二印"，中指、无名指相抵，其余手指放松，两手小指放在气海穴两侧。结印后意念集中在手指上，闭目观想"我生命在宇宙里。"

第二，起手行功，观想"我很小，可也独存。"然后意念从刚才的观想转到两手掌心气场的感觉上，感觉身体所有的能量聚集在两手掌心。三次呼吸后，由大臂带动双手向斜前方缓慢抬起，意念放在两手变化上，手掌随着手臂的带动慢慢打开，此时双手在两膝盖的正上方(见图2-4-1)。

第三，双手继续上抬，同时五指分开，指尖用力下勾，指腹贴住手掌(见

图 2-4-1

图2-4-3)。

第四,翻转手掌向上,两手掌心斜上45度相对,此时手臂位于身体的斜前方(见图2-4-4);观想"我生命的一切回向给大风。"

第五,保持动作三个呼吸,意念专注在双手的感觉上。

第六,快速用力深吸气,力度要深长且速,但不急促,观想"掌心引大风",双手带动向后拉,大臂后收,手肘随手的带动慢慢地向大臂折叠(见图2-4-5)。

第七,再次深吸气,将所有能量都聚集到胸腔及头部,同时双手转掌朝前,肩膀向后完全展开,双手拇指贴到肩头,两肩胛骨用尽全力夹紧(见图2-4-6),屏息五秒,腹部收紧,让能量在上部循环。

第八,缓慢呼气,上胸腔自然向下放松;同时双手向前打开(见图2-4-7),此时观想"掌心分风养育万物。"

第九,双手回到掌心引大风前的动作(见图2-4-4),自然呼吸,观想"我与宇宙平等。"

第十,导引行功可以反复二至三次,快慢、次数由引导老师观察修者当时情况,因人而异。

导引行功后,按照地心修养相同步骤完成修炼。

图 2-4-2

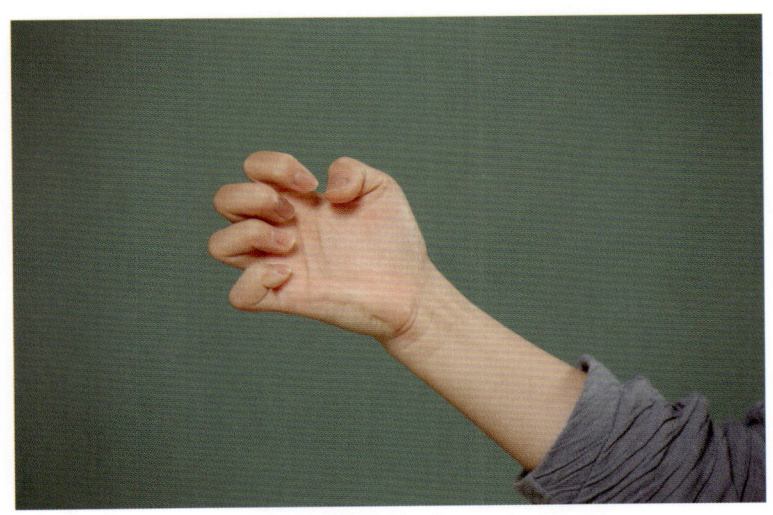

图 2-4-3

144　五心修养

图 2-4- 4

图 2-4- 5

图 2-4-6

图 2-4-7

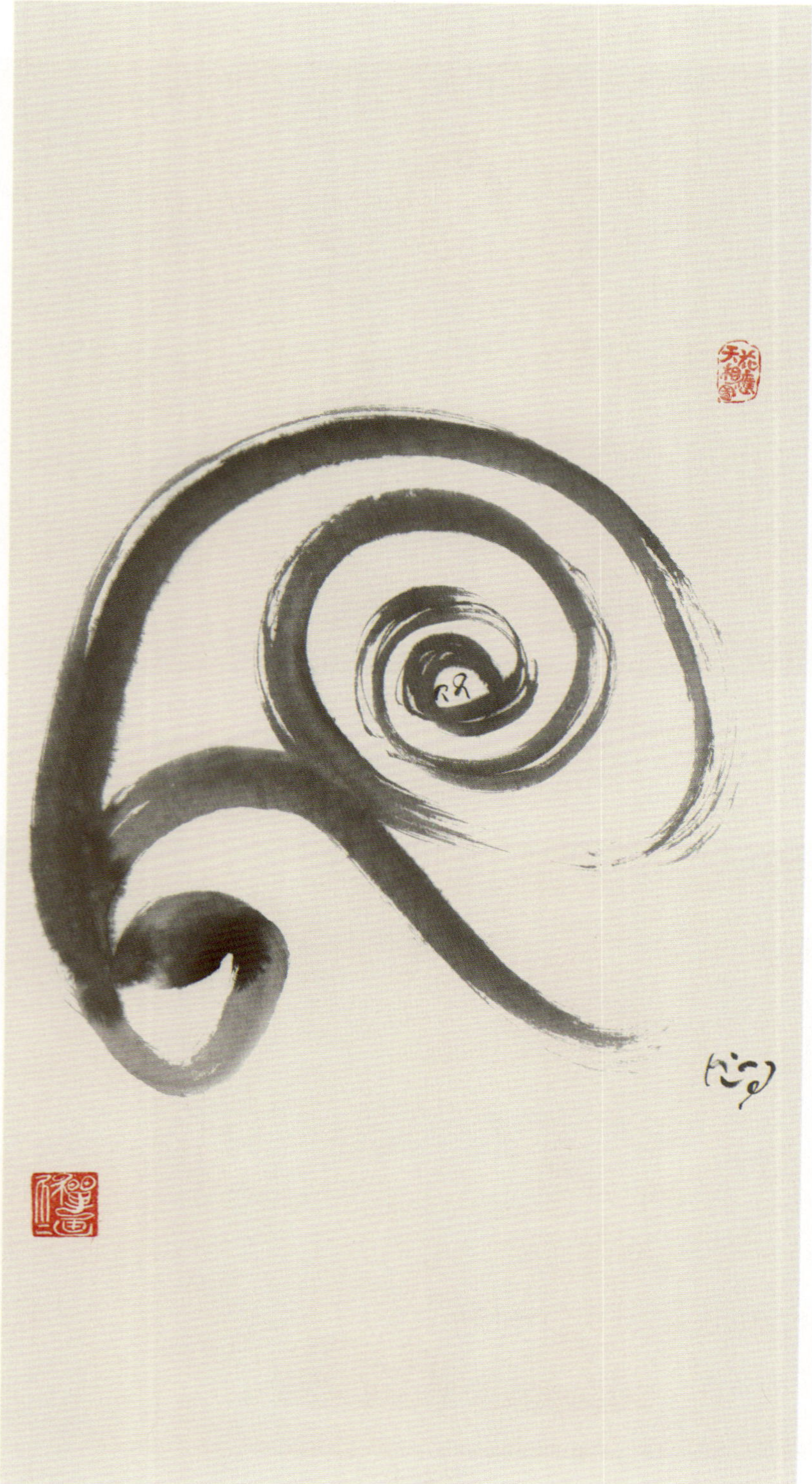

## (五)空心修养

### 1.眼耳修

**所需物品:** 禅画、音器"碟"。
**修炼步骤:** 与地心修养相同。

### 2.鼻舌修

**所需物品:** 盖巾、石碗、温水、根据季节和时间段而准备的男女不同熏品以及禅丸、茶水。

空心导引是用石碗熏,用的是45度左右的温水,熏料通常建议将洛神花用于女士,洛神花能够生津止渴、理气消食、消除疲倦,调节和平衡血脂,促进新陈代谢。

对于男士,我们建议选用桑葚干来熏,桑葚滋阴养血,还能促进消化液分泌,增进新陈代谢。

**修炼步骤:** 与地心修养相同。

## 3.身意修

**所需物品:** 茶水、盖毯等。

**修炼步骤:** 此处基本步骤同地心修养,唯行功动作有所区别,详情请见下文。

### 空心导引行功

第一,双手掌心朝上结"不二印",中指、无名指相抵,其余手指放松,两手小指放在气海穴两侧。结印后意念集中在手指上,然后闭目观想"我生命在宇宙里。"

第二,起手行功,观想"我很小,可也独存。"然后意念从刚才的观想转到两手掌心气场的感觉上,感觉所有的能量聚集在两手掌心。三次呼吸后,由大臂带动双手向上缓慢抬起(见图2-5-1),意念放在两手变化上。

第三,双手继续上抬,掌心向下拇指包住其余四指成空心拳(见图2-5-2、图2-5-3)。

第四,当双手上抬的高度与肩齐时,双拳向上浮起,拳心朝前,此时两

图 2-5-1

图 2-5-2

掌距离与肩宽(见图2-5-4);观想"我生命的一切回向给大空。"

第五,保持动作三个呼吸,意念专注在双手气场的感觉上。

第六,快速用力深吸气,力度要深长且速,但不急促,观想"掌心引大空",双拳带动向内翻转(见图2-5-5)。

第七,再次深吸气,将所有能量都聚集到胸腔及头部,肩膀耸立,同时双拳内旋向上,掌心朝上,两手中指轻贴(见图2-5-6),屏息五秒,腹部收紧。

第八,缓慢呼气,上胸腔自然向下放松,双掌带动向下打开(见图2-5-7),观想"掌心分空养育万物。"

第九,双掌向前伸展,掌心朝前回到吸气前的动作(见图2-5-4),观想"我与宇宙平等。"

第十,导引行功可以反复二至三次,快慢、次数由引导老师观察修者当时情况,因人而异。

导引行功后,按照地心修养相同步骤完成修炼。

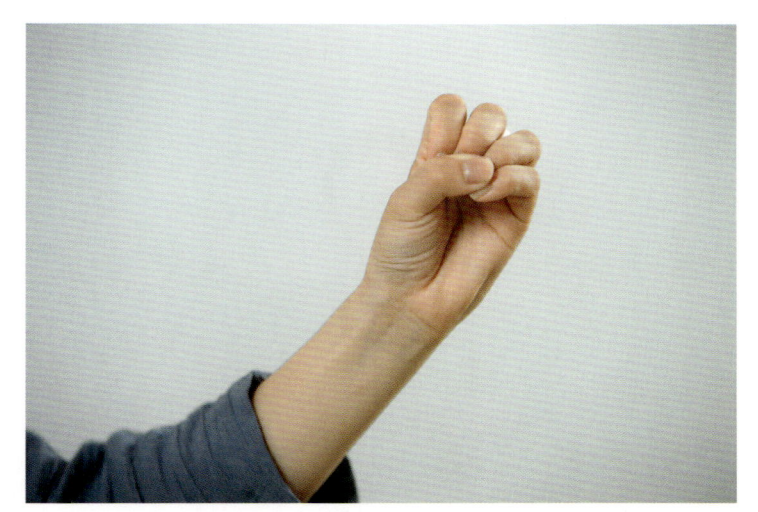

图 2-5-3

图 2-5-4

图 2-5-5

图 2-5-6

图 2-5-7

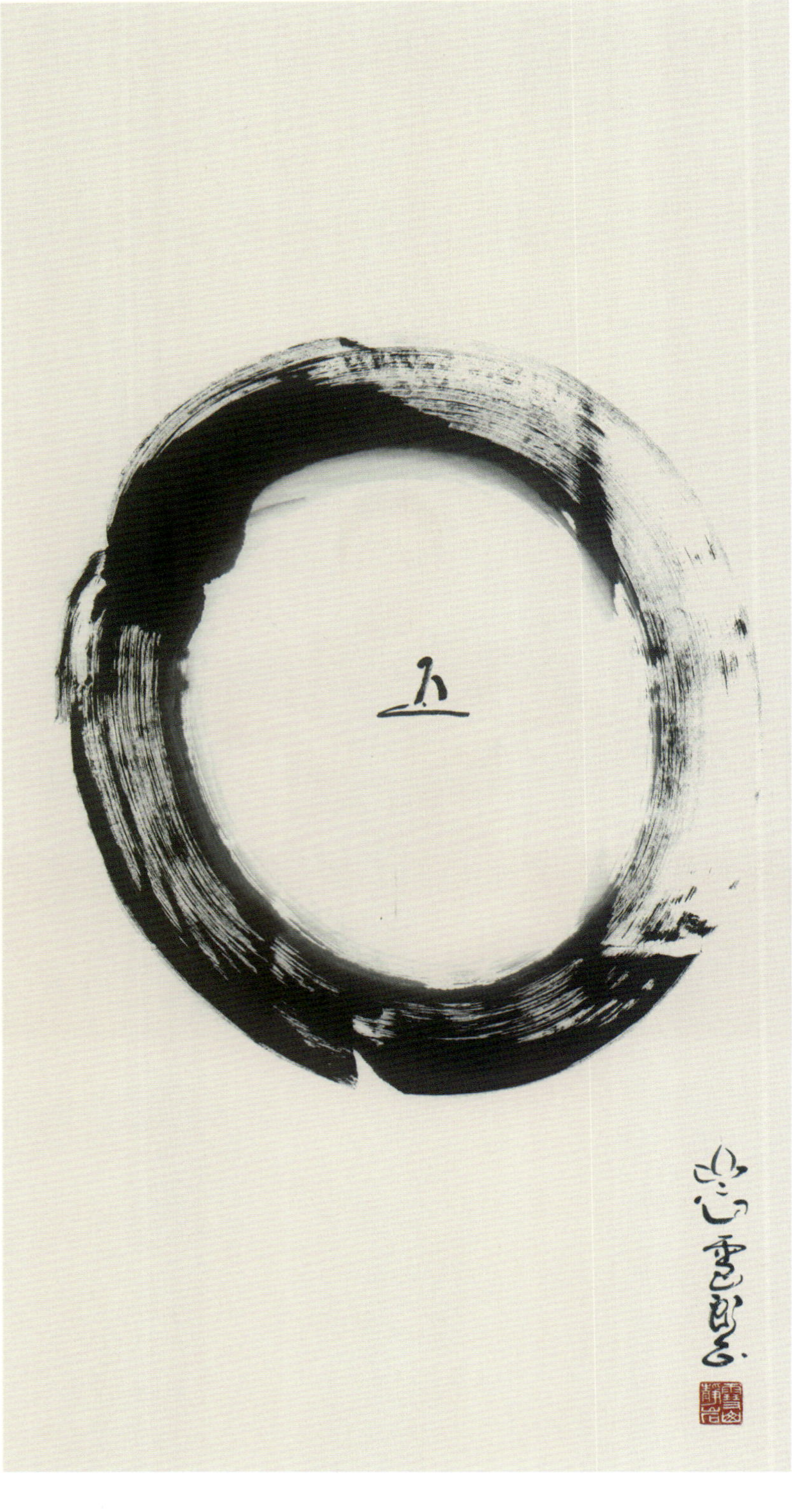

# 问答篇

禅者颂

# 谁

日间浩浩谁作主？

梦里悠悠主是谁？

弥勒授记谁秉受？

生灭寂静元是谁？

一體

# 一 "五心修养"对比其他修养法有什么特点

修养的主要作用即在于人首先要能成人,中国传统的修养集中表现在帮助人能成其为人方面。我们经常讲人要有精神,精神集中体现在"天下兴亡,匹夫有责",这是中国传统精神的体现,成为"先天下之忧而忧,后天下之乐而乐"的人,"苟利国家生死以,岂因祸福避趋之"……历代仁人志士的人生经历无不体现了中华传统的人生价值观。

"天下兴亡,匹夫有责"包含了两个深层的意义。

第一,人并不能只顾个人和小家,个人与群体,也就是人和整个民族、社会、国家,乃至整个世界都是紧密联系的,这是人该有的担当意识,亦是佛法中的"慈悲为怀"。菩萨没有只顾自己成佛,而是不舍众生。儒家说"独乐乐不如众乐乐",只顾自己和家庭的人担当不够,人要心系天下,胸怀宽广,这是真正成人的基本原则,能自利利他、自觉觉他。

第二,中国传统向来把精神生命、精神追求放在个体物质生命之上,将物质放在第一位的人,在中国历史上被视为"小人"。人没有精神,只追求物质,沉迷在名、利、色、权、位的起伏里,成天被欲望带着生活,这是失去了人的高贵精神，是万不可取的，中国传统认为这样的人是"几于兽"的。

真正成人，就是要有人丰富的精神内涵、无私地有担当的精神品质，要把精神生命的不断提升放在第一位。这些精神、思想的源头在各家的经典里比比皆是。曾子说："士不可以不弘毅，任重而道远。"什么是"任重而道远"？即"仁以为己任，不亦重乎？死而后已，不亦远乎"？一个人生而为人是有责任的，不仅有对自己小家庭的责任，对社会、对国家、对世界、对人类也有不可推卸的责任！

君子胸中有丘壑，胸中有气象，心胸光明磊落，这些都是人本有的境界。有境界的人胸中有逸气，不张狂，不世俗，不功利，反求诸己，并且有人情，有格局，有张弛。今天的人心里还能盛得下这份潇洒吗？把自己挥洒在整个世界里，融入大道中，是超越性的人生、精神性的人生，这样的人永远不会蝇营狗苟地计较，如果失去这份内生性的心意心境，中华文明便是真要衰落了。

《论语·宪问》中说："子路问君子。子曰：'修己以敬。'曰：'如斯而已乎？'曰：'修己以安人。'曰：'如斯而已乎？'曰：'修己以安百姓。修己以安百姓，尧舜其犹病诸！'"也就是说在孔子看来，君子就是时刻不断修养自己的人，"修己以安百姓"的含义是"平天下"，儒家认为不修身的人是担负不起社会责任的。

什么是君子的责任？即建立平等和谐的社会。平等不是大家都一样，而是各安其道，于事相上有别，于体上一致。惠能祖师云："色类各有道，各不相妨恼。"实现和谐社会就必须人皆能成为人，而非成为禽兽，自私自利，歹毒残酷，极端暴力，口是心非。

修养是种力，就像肌肉一样，如果缺乏训练则必然快速萎缩。"中国禅"修养秉承中国传统修养法，陆续为修者提供了禅茶修养、莲花太极、莲花导引、水月太极、凌波书法、莲花行脚、禅食道、禅医道、不二禅艺、不二禅画、琴箫炼气、禅意调息等适合各类人修禅的方法，"五心修养"是其中的一种。

修养的关键在于心，心如果没有和"中国禅"修养法接上，那就是还停留在身体的小技术、小功夫、小力量上来来往往，人生不会因这些而改变。更多的情况是，因为有了一些小技术、小功夫、小力量而徒增"增上慢"，认为别人傻笨不如自己，更有甚者，用这些小技术、小功夫、小能量去谋取私利，庄子说"道隐于小成"，有了一点点成就就自以为是的人，永远无法改变自己的人生轨迹，用这些换取的财富和名誉，总有一天会加倍偿付。

改变人生的力量一定是发自内心的，唯有心力的作用才会根本究竟地改变人生轨迹，真正脱离庸俗、愚痴。有的人，小成还没成，修几天后回家就开始偷懒了，身体苦疼，读书难解，再听"好朋友"的劝告，又给自己的懒惰找到了借口，之后身心不行时，再来修，一修又惭愧了，可回去心力还是跟不上又退转，如此反复，看上去似乎在努力，实际上成天在原地冲刺。

虽说"中国禅"是最上根器人的修法，但谁没可能成为最上根器呢？人人皆有佛性，皆是因地佛，只要找到适合自己的正法团队，找到恰当的接引途径，找到拐杖帮助自己登山，每个人都有可能蜕变。

修养本应是每天最必要的事情，比吃饭睡觉还重要。《中庸》云："道也者，不可须臾离也；可离，非道也。"道非仅在书本里，非仅在道理里，而是从修养中体悟，契合"道"之无时不在，无处不在。

有人认为，儒家的修身和禅门的修养不同，此是误解。陈寅恪先生说：

"外服儒生之士可以内宗佛理,或潜修道行,其间并无所冲突。"中国传统修养者外儒内禅,禅儒不二修成者比比皆是,远有唐宋诸位大儒,近有王阳明等,禅儒内在从未冲突过。现代的儒家多位学者,偏道理学术的多,实际修身的少,故如能以禅之修养法补其不足,当是大有裨益的。

《列子》云:"胜者为制,是禽兽也。"一个小孩要长大,需要一天天以饮食养大,内心正念的力量、控制欲望的力量要增强,当然也需要一天天以修养来滋养。孩子不可能一天长大,修养也不是速成的,重要的是饭要天天吃,修养要时时不离。

这个世界上,不能只有疯狂的商业、神化的宗教、享乐的生活,人生不能寄托在工作里也不能寄托在娱乐里,人还要有一种存在于人心中的精神净土,以平衡和矫正现实人生,这是人精神的栖居之所,是一切社会,特别是现代社会神、人、物相分离的状况得以重新弥合的关键所在。

对于中华文明,尤其是中古以降,各宗各派,儒释道医,内容覆盖了哲学、宗教、文化、艺术、生活、制造、商业、功夫、修炼等各方面的,唯有"中国禅"!"中国禅"以其丰富的内容、活泼的形式、深邃的哲理、无碍的表现方法可以深入社会的方方面面,这实是"中国禅"各位祖师对中华文明、对人类的贡献。

"五心修养"是"中国禅"修养法的一种,但不是养生法、延寿法、安眠法、治病法,也不是放松的技巧、情绪管理、心理治疗。此间的区别即在于,禅法的唯一目的是直指人心,修者通过禅法成为究竟的觉者,其他放松、安眠、美容等,皆是修养的副作用,切勿本末倒置。

现在人普遍存在的问题就是紧张、焦虑、不安等,人的极端性精神疾病日趋成为世界性危机。"五心修养"针对这些日趋严重的人类精神危机,能起到一定的作用,帮助人们安心,回归外驰的意识,修养稳定后,修者不放逸六根,不随波逐流,不自寻烦恼,能真正挑开那些贪、嗔、痴迷雾的根,去转化无处不在的愚痴,故此常能感受到现世清凉,自在无碍。

"五心修养"能帮助修者提高觉知力,觉知的敏锐度和六根是否清净直接相关,如果每天处在糊里糊涂的被动状态下,所有的感知都只会是妄想。

那么"五心修养"和"中国禅"其他修养法有什么不同呢?细心的修者会发现,"五心修养"特别是导引行功的核心集中在上半身,尤其是胸腔,这里是水火交会之乡,修者在修炼胸背大吸气和导引行功中,会要求把吸进来的气屏息五秒。

为什么呢?因为如果不屏息,气刚刚吸进来就呼出去,对活化细胞没有作用。屏息是增加气压,气在身体内扩散,输送到全身每一个角落,到达每一个神经末梢。气是流动的,不会停在一处,当压力一大,就自动往四处扩散。

经脉通畅的人,气往下走能走到脚跟。《庄子·大宗师》中说:"古之真人,其寝不梦,其觉无忧,其食不甘,其息深深。真人之息以踵,众人之息以喉。"气除了往下走,还能往上走,往上肢走,往脏腑走,往血管细胞走,通达四肢百骸,启动末梢神经。

气一行走血就跟着走,气一通血就通,气血畅通了,身体自然有活力。为什么现代不少人脸色暗沉,身体看上去像枯木一样?就是杂念过多,思虑繁杂,气血运行不畅,身体得不到滋润。

"五心修养"中的胸背大吸气和导引行功重点放在激活胸部活力,这里是情绪的聚集地，激活胸部活力后，最显而易见的改变就是修者呼吸顺畅了，精力充沛了。上下的通路即中段，如果不通畅，水上不去，火降不下来，人的情绪不可能稳定，意念不可能集中，内分泌不可能平衡。

每一种修法都有其重点，"五心修养"的重点就在于调节情绪，打开心胸，疏解前后胸部堵塞，疏通中丹田。

中丹田是情绪能量中心，人的情绪变化快，易被多疑、易怒、抑郁、担忧所扰，这时候无论物质生活怎样丰富，人都不会有幸福感。

"五心修养"先从呼吸下手，令修者专注一事，没有机会去胡思乱想。专心了就可进一步学习内观。内观分为静态和动态：静态内观，是修者肢体不动，闭上眼睛，全神贯注，制心在身体的某一处，感受意识和心念的变化；动态内观则是六根完全开放，修者行住坐卧须时刻保持觉知的状态，一言一行、一举一动、一心一念都十分清明。

"五心修养"的内观既有静中动，也有动中静观法。

通常情况下修养时会把动、静分开修，比如说坐禅就是典型的静态内观。行禅呢？是典型的动态内观法，修者无论快慢经行，一步步的行走中要能觉知当下，觉知脚的移动，觉知呼吸，觉知体内气动，还必须心心念念不离"这个"。

绝大部分修法是动和静分开的，而"五心修养"比较独特，动静在一起修。比如眼根修养时，观禅画是动中静，观画时眼睛跟随禅画在不断地动，可意识要清明，觉知当下身心的变化，同时也要觉知手怎么放，觉知面部表情、呼吸、站姿、意念的起落，尽管眼睛专注于画，但内观时，要时刻觉知有什么是不动的。

观画后就转成静中动的内观了。修者闭目专注于下腹,这个位置是精气的巢穴,修者需要于此觉知,虽眼闭不动但画的能量在身体里依然巨动,由此引发了身心的变化。

静中动容易,动中静就比较难了,而在动静的变化中修,其实更不容易。故此,修者要信任引导老师,用至诚心来对待修炼,逐渐感觉到身心变化。

"五心修养",可以说是"中国禅"修养中专门针对修者心理调节的动静不二修养法。

參悟

## 二 六根清净有先后高低吗

《礼记·礼运》曰:"饮食男女,人之大欲存焉;死亡贫苦,人之大恶存焉。"饮食男女,当是人之大乐欲;死亡贫苦,是人之大恶欲。所以,《礼记》说此两者,是人心之两端,子曰:"叩其两端而执其中",两端不是道,道在"中"。

乐饮食乐男女,乐享受乐名誉;恶死亡恶贫苦,恶疼痛恶孤独,此即是人性,亦即是两端,凡求乐不得、避恶不能的,假名"苦"。能游于其中,为"道";能助您游于其中之法,为"修养";能通过五种常见性格习惯为途径的修养之法,为"五心修养"。

"端"是始,肇始,发端,可以说"好生""恶死"这两种基本欲望,是人的原始欲望,是人类一切行为的根本缘起。

十二因缘的起始是"老、死",但凡人谁都渴望青春永驻,可当皱纹爬上眼角,青春不再时,谁都又在期盼长生不老,渴望越强心中越恐惧,为什么?根源于怕死!怕"我"消失!怕"我的"消失!由于害怕,就拼命想抓取,当身心充满恐惧不安时,身心是迟钝的、淤堵的、麻木的。表面上天天在生活,却不解生活为何;表面上人和人之间天天在沟通,交流却越来越浅,用表面热闹喧嚣的狂欢来掩盖一颗颗空虚的心灵。

人和人之间最重要的在心,心中才能产生对一切美好的洞察力、领悟力、感受力等感受。如果您对这些东西都淡漠了,走在花丛不知花美、不闻花香,看不到天地到底时刻在发生什么,心里被欲望填满,被担忧填满,您的人生就是行尸走肉。

当生命恢复了活泼时,您会用心体会到身边许多微细身微妙音,各种细微的香味、声音等似乎全出来了。为什么是"似乎"？因为声音、香味本来就在,过去迟钝无感,觉受力恢复时,您就能感受到了。突然间感觉世界变了,变得丰富多维,妙不可言。

"五心修养"里,眼根清净法叫"日轮观"。有一定基础的修者可以对着清晨刚出来的太阳去观,日出的太阳特别有朝气。为什么要观太阳呢？太阳里面有无穷的能量。观太阳不是盯着太阳,那是炼眼功。观不是用眼,而是太阳能不能够透过眼睛进到心去,这才叫"日轮观",心中一轮红日升起。圆相就是日,像太阳一样会发光,但它发的光不是那么刺眼,是一种清净的光。

可是初修者不能对着太阳观,"五心修养"里,修者是对着禅画炼"日轮观",越专一的人越会发现禅画中的圆相在动,像朝阳一样有活力和能量,但发出的是清清的常寂光。

如果认真按照引导老师的指引,每次结束眼根修时,多数人都会觉得眼睛越来越水润明亮,禅画中的圆相图会像太阳一样印入心里,启动您心中的日轮。经过一定的精进修炼,修者会发现尽管意念在心中起来起去,但心中的日轮可以不动。云飞来飞去,能影响太阳吗?

眼根清净时,是人无论睁眼、闭眼,心中有个定定的日轮在。初修眼根清净法时,会用幔帐遮挡外围,使修者眼睛集中在观禅画上。为什么呢?机器越精密,零件和零件之间就越不能有偏差,结合点自然越细微。同理,我们在修养时,修者是从粗身逐渐调整到细身状态,这个时候一定要准确。好的刀剑一定会有鞘,刀鞘剑鞘,密封起来才起到保护作用。

再如中医针灸时,扎针的地方错一点行吗? 失之毫厘,差之千里,眼根修养就是眼灸,同样,耳根修养是耳灸。"五心修养"的修法是用禅画、禅音、禅丸等修品温灸您的心意识,如果不准确、不集中的话,那就有可能起到反作用。

我们的妄想、杂念从哪来的? 不是莫名其妙出来的,有个生成过程的。源头在哪呢? 就在眼睛,见种种色,生种种意,开始分别,因为误用了眼睛的功能,人不自觉被"色"所困,所带动。有"色",就有"受","受"后就会"想","想"后就会"行",起心动念,最后产生"识","识"产生了,六根开始作用。

六根如果不对六尘反应,怎么会有六识呢? 有了十八界,四大、五蕴的作用,就有了六十二见,出生了八万四千差别相。人迷在这八万四千差别相里,循声逐色,流转生死,出入六道,终无止息。想要从轮回、生死里解脱,把覆盖在自己身上的蜡丸扒掉,只能靠实修。无论哪一根,一根圆通则六根随之圆通,四大、五蕴同时静净。

每一种修法都是各种方便,起了种种的假名,是为了引导一切有情众生,能够看破,归于空寂,能够反观,彻见本元。知道五蕴并不实有,此时自然人空了，人空了，就能起法空了，人空法空后不是什么都没有了，而是像虚空一样，不增不减、不垢不净、不生不灭，昭昭迢迢，人无法给它增，也无法给它减，无法让它坏，也无法让它生，这就是本来面目、自然之体、清净本然。

"色"是我们六根不得清净的最大障碍，从色而入，毕竟无我。山花开似锦，碧空湛如蓝。万劫不复受，光照大虚空。又云："业力如霜露，唯愿能消除。竹密不妨水，山高岂碍云？"

一切都不是固定不变的，禅法是灵活的法，初修者必须在专门的道场里通过专门的法，定位准确毫无偏差地修炼，目的是安全渡过最难捱的调整期。这个调整期，是您要从熟悉的世俗环境里转心的过程，是您要从散漫的心态上集中的过程，是您要从僵硬呆板的身体上蜕变的过程，是您要从多言多虑的习惯中净化的过程……等修行到一定境界逐渐从过去的俗气中转化后，修者则需要增加灵活性。

可以说如果没有初期的准确性，没有严格的要求，没有重点，没有身心全神贯注，就不会有之后方便万行的灵活，这是阴和阳的关系。

佛之妙法有教法和证法两种，受持教法者唯以讲经说法或听闻佛法为宗旨，受持证法者唯以闻、思、修为根本，有教法和证法的道场，才算是真正的道场。如果一个道场光有佛像和形式上的佛教，没有说法者和闻、思、修，这就不算真正的佛法道场。禅法亦是，学习与实践如不能"教证合一"，则非真禅。

不仅佛法、禅法如此，中国的传统文化概莫如是。如果只挂着孔孟等圣贤的像，或做一些表面文章，不会理解穿古衣行古礼这些不过形式，唯有真正承继圣贤思想,并付诸社会实践,才是真正延续和弘扬传统文化。

"五心修养"是帮助六根清净的禅法,每一根虽作用不同,但都同样重要,前面简单介绍了眼根清净法,现在再说说耳根清净法。

耳根清净不是耳朵听得更清楚些,那叫耳朵更灵,耳根清净是观一切声音,"动静二相,了然不生"。

在松林或竹林里,风一吹嗖嗖的,风过之后的那个声音呢？能不能听得见？声音结束了后,还剩下什么？"五心"的耳根清净修法叫"水月观",即能听水里月亮的声音。

有人说水里的月亮怎么会有声音呢？对！外在的声音是动相,耳朵灵的人能听到更细微的声音,但耳朵比狗还好也没有用,有特异功能也没用,还是外相。月亮会发声,太阳会发声,宇宙中大音希声,这些声音叫静相,契合静相,不是"根"的功能,而是心在根上的作用。

耳根清净的时候,动静二相,了然不生,动是相,静也是相,动相能听,为什么静相不能听？能听静相而不住静相,动相来了让它来,去了让它去；静相来了,知是静相,亦随它来去,不生分别,这是"入流亡所"。

宇宙间静极了,好像什么声音都没有,实际上却有大音,水月、太阳、自然等万物都有各自的音,清净者什么都能听到,但是于听而无听。雷鸣闪电、地震没有关系,万物灭寂,冰川世界,也没有关系。

动,能知动；静,能知静,一切了了分明,经云："万法自闲,唯人自闹。"本来哪有不清净？欲望太过,能干扰自己的太多,便再无清净可言。

对生活在娑婆世界的人来说,耳根修行最易成就。比如,眼睛只能看见前面,看不到后面,十方里面,只能看到前方,看自己的上面和下面,必须仰头或低头,有很大局限。鼻子呢?呼吸是个大问题。嘴巴呢?祸从口出,病从口入。身的主要障碍在触上,佛说,触欲最深,最令人不舍。意根呢,胡思乱想、朝三暮四都属于意根,意根是最多变的,也最难下手,许多人从意根入手,本欲除妄想,结果连理想、梦想一起除掉,成了个无心、麻木、冷酷的人。

唯独耳朵,可以听上下左右十方一切的音声,不少人即使睡着,有点动静也能立即醒来,内外都不阻碍,"十方俱击鼓,十处一时闻",是最圆满的耳根清净。

从中医来说,"耳通气海",现代人普遍气虚,女人的毛病多是血多气虚,男人是气多血虚,耳根修成了,身体里的气机也便充实。

耳根修养可以内听禅音,外唱禅颂。"五心修养"里,我们主要安排初修者内听,"五心修养"结束后,我们建议修者时常唱颂,注意不是用嗓子唱,唱颂出来的音必自丹田,修得越好气越往下走,每一音气都是充沛身心,发出后好像给每个细胞打气一样,在体内流荡不息。如果用嗓子唱,唱歌唱得再好听,哪怕内容唱的是佛乐,也没有用,和修炼基本上关系不大。唱颂功夫越好,身体的元气越充满,天地万物,初始状态皆"气充满",纯净真诚也必"气充满",如婴儿,气最充满,也最柔软。

从中医角度讲,气有营卫、正邪、补泄等,从修法角度讲,气有气脉、元真、顺逆等,唱颂功夫是以音带动一气周流,身若无体,音若无间,无内无外,天地人和。

有人常误以为说到修炼尤其是禅意调息大概就是练气功,其实气功的说法源自中国的道家,印度的瑜伽里也有气功,练气功的法门有几百种,都是在两个鼻孔的呼吸里做功夫,而调息则不是。

禅修中的调息是观呼吸、听呼吸,在一呼一吸中感受"息"。

观呼吸,许多人可能听过这个名字,什么叫听呼吸呢?听,不是耳朵去听呼吸的粗细长短,而是听其自然地听,不要控制它、领导它,慢慢地要和它相应。

听呼吸、观呼吸最后的要点就在于理解,呼吸有生灭,但呼吸背后的"息"是不生不灭、不增不减、不垢不净的,去听、去观呼吸不是让您去管理呼吸,这就和气功有本质不同。气功是去控制呼吸和管理呼吸,控制和管理,就有主次,而禅意调息是最终心息合一。

为什么调息中不要去管理呼吸呢?因为呼吸是管理不了的,人为控制呼吸是达不到三昧境界的,管着管着就变成管感觉了,这有天地之别。

什么叫管感觉呢?迷惑在觉受里。如果修炼不对路,让您去听呼吸、观呼吸、数呼吸,本来是为了相应"息",观着、听着、数着就不自觉地变成管感觉了。因为呼吸一来一往、一去一回它是虚的,可实实在在的感觉像是真实的:觉得憋气,觉得痒、酸、痛,难受,舒服,感觉比呼吸实在。感觉是什么呢?身体的感觉就是业力,业力是实在的,是人能感受到的。

听呼吸不是耳朵来听,而是用耳根来听。能听的是耳根之性。人和呼吸统一的时候,就是心息相依,心息合一。心息越能相依、合一的时候,原来粗重的呼吸,配合心性会越来越细。气越充满的时候,很久很久才有一次呼吸,所以此时杂念、妄想会少,杂念妄想多的人,气一定是短的。

禅意调息帮助人脱开自己习气,最终契合气背后的"息",如果执在"气"上,就变气功了。把牢固地、黏附在身上的那些习气剥离的方法,不是练气,不是气功,一定不要混淆。

介绍了眼根、耳根的清净,再简单介绍一下鼻根,我们仔细看看佛经里,神通有天眼通、天耳通、宿命通、他心通、神足通五通,为什么没有天鼻通?因为禅定功夫越深呼吸越慢,甚至停止了,叫"气住脉停",也就是说鼻根清净的修者不是呼吸顺畅了,而是呼吸越来越慢、越来越深,最后几乎没有了,越清净呼吸越深长缓慢。

所以鼻根清净,不是指鼻子功能有了变化,嗅觉越来越敏锐。狗的鼻子敏锐,但不是鼻根清净,清净是即使不用鼻子也无妨体内一气周流,每个毛孔都会被启动,都有鼻子的功能,都能呼吸。所以,禅定功夫深的人,看起来几乎没有什么呼吸,或者干脆停了口鼻呼吸,但千万不能把身体包裹起来不透气,因为此时的呼吸功能转移到了全身,如果封闭了全身毛孔,就圆寂了!

对于现代人来说,鼻根清净的需求比古时候更加迫切,同样的修养,在古代鼻舌是时间最短的,对现代初学者来说鼻舌两根需要花费的时间却最长;对于中级修者来讲,身意的时间最长,所以这是时代性的变化。

自古以来,给人类健康带来最大影响的就是传染病,而传染病里面,最可怕的就是通过呼吸道的传染。

通过身体接触的这些传染等,是有限的,可是通过呼吸道的传染防不胜防。鼻根清净的人,对呼吸道的传染有独特的预警能力,并且即使被传染,恢复能力也比普通人快得多。

再来说说舌根修养,舌根清净并不是味觉灵敏,许多修行人修到一定程度还不吃饭呢,几乎不用味觉功能了。舌根清净是能辨识食物背后的来源、空气的味道,能分解合成物的成分等。

当年,年少轻狂的龙树菩萨和三位同修在一起谈论:我们的学问现在都这么了不起了,学理也通达了,去学些神通吧!学什么神通呢?最后决定学隐身术吧!于是他们就去找大瑜伽士学隐身。

老师见到这四个人,想,我要是教会他们,他们都会隐身了,以后也不会把我当老师了,可是盛情难却,怎么办?不如给他们隐身药,吃下去一次就可以隐身,药没了,就不能隐身了,这样,既可以保证他们永远听我的话,隐身之术还能保密。

于是他就给了这四位学生隐身药。没想到的是,龙树菩萨一尝这个药,就说:"您这个药丸,是用七十种药合成的。"并且把每种药都说了出来,一丝不差。

老师特别诧异,说:"您怎么什么都知道呢?您这样的人才,我不传给您法术,真是可惜了!"之后将隐身术倾囊而授。

龙树菩萨为什么能分辨隐身药这些微细成分?这就是舌根已经清净了。从这里我们可以看到,六根清净不代表觉悟,只是修行的过程,过去印度许多婆罗门、外道都能修到六根清净。

舌,可品百味,尝百草,但百味百草还是物质层面上的,舌中本有道,故称"味道",味本是道,否则就是味觉而已。

舌根清净最重要的一点还不在于此,更在于口业清净。鸠摩罗什法师为什么留下了舌舍利呢?舌是说法的根哪!说道、味道皆由心清净而契道。舌根清净才能赞叹、赞美,才能说法。维摩居士一默如雷说不二法,佛陀拈花示不言教,不说亦是舌的功德,如果舌根功德具足,无论是口吐莲花,还是止语默言,皆是说法无碍,这是微妙舌根清净出来的功德力。

舌根清净才能"正语"。正语,不一定是苦口婆心或者言之凿凿,正人用邪法,邪法是正法,心清净的人会随缘说法,应机而变,有时候胡说八道也是正语,济公和尚成天疯疯癫癫的,说的是不是正语呢?各位祖师的机锋转语呢?看上去好像根本摸不着边儿,是不是正语呢?

眼根清净无关视,耳根清净无关听,鼻根清净无关嗅,舌根清净无关尝,身根清净无关动,意根清净无关念。观音修法的"音",就是从佛菩萨的舌根里来的,《维摩诘经》说:"佛以一音演说法,众生随类各得解。"音声,就是从微妙舌根里出来的,所以《华严经》云:"一一舌根,出无尽音声海;一一音声,出一切言辞海。"

妙音是具有无量无边内容的法。《华严经》"如来出现品"里有一个辩才天女,她有五百个舌根,每个舌根都能发出五百种音声,每一种音声都美妙动听。

六根任何一根都可以是下手点,从哪一根开始是修者的着重点因人而异而已。并且,一根清净根根清净,一门通了门门通。

每滴雨滴如何汇入江海的路径是因地制宜、因时而异的,也是不可预测的,然而最终百川归海的大方向却是必然的。

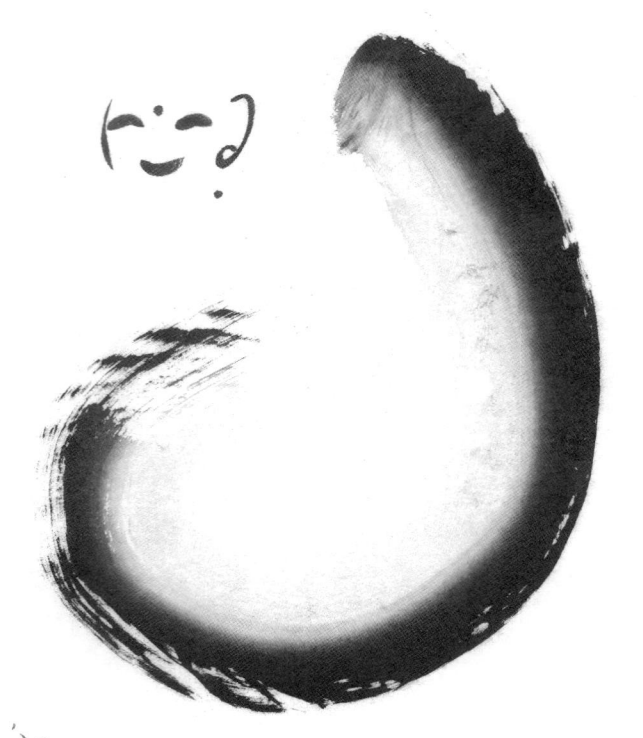

微笑

# 三 "五心修养"调息时为什么意念要先集中在肚脐

人身自脐而分出上、下两段,上半段如植物之干,生机向上;下半段如植物之根,生机向下。脐是人身之"中",是个分界点、上下两种力量的原动力处,也是根、干分化处。

五行中,脐属中土,胎儿在母体鼻无呼吸,以脐带代行呼吸功能,出生后脐之功用废止,鼻窍始开。禅意调息的归根处即"胎息",息息归根是"胎息",根在哪儿?便在脐内空处。

"五心修养"看似简单,其实禅法八万四千法门,没有不简单的,大道至简,不简单的叫"旁门",然而虽然看上去简单,其内在的奥秘却是无穷无尽。

苹果落在地上简不简单?为什么牛顿就能顿悟到内在的奥秘,而普通人却视而不见呢?因为普通人心里有个理所当然在,认为日月理所当然就该这么转动,这就契合不了道了,因为不生"疑心",被知识和琐事障住了天眼。

宇宙中没有理所当然的事,万事有两面:一面是因果律;一面是随机律。孔子说:"逝者如斯夫,不舍昼夜!"这是因果律;老子说:"反者道之动",这是随机律。因果律是万事万物万有的固定规律,种下什么花,结出什么果;随机律是万事万物万有的因缘变化,您在人心中播种的是花,却可能结出了苦瓜。故此,永恒不变的问题,有变化多端的答案;永恒不变的现象背后,是不可思议的本来。

任何"本来"都是不可说、无法付诸文字的,故此,初修者要以恭敬心对待一切法,不要因为看上去简单,就觉得自己明白了,您看到的只是现象,密意是看不到的,是功法背后暗藏的契机令相应者身心巨变,豁然开朗,风光无限。禅是无为法,却要通过各种有为法进入,而禅修的目的是什么?是契合无为法,有为法是渡河的桥梁。

修炼的入口在调息上,一阴一阳谓之"道",一生一死谓之"息","五心修养"法调息的入口是先将意念集中在肚脐,肚脐是唯一人们能看得到、摸得到的穴位——神阙。

神阙穴是人体任脉上的大穴,其后方对应命门穴。神阙穴可以说是人体生命最隐秘的要害穴窍,既是疾病的出入口,又是防病治病调息养气的关键点。神阙穴是任脉上的阳穴,命门是督脉上的阳穴,二穴前后相连,阴阳和合,是人体生命能源的所在地,故称此为水火之官。神阙穴还是先天真息的唯一潜藏部位,修者通过锻炼,恢复先天真息能量。

神阙穴与人体生命活力密切相关,母腹中的胎儿,靠胎盘脐带生存,此属先天真息,婴儿脱体后,胎盘脱出,脐带被切断,先天呼吸中止,后天呼吸开始。后天呼吸是肺功能带动的,修者通过修炼调息启动生命的元气,元气充沛时就犹如能源供应站里库存充足,百脉气血能随时得以自动调节。

神阙穴及经络内连十二经脉、五脏六腑,此处通畅则具有温通经络、调和气血、回阳固脱、真气充盈、耳聪目明的作用。修炼之气是发于腹部气海的,修炼时,修者双手叠放在气海处,而意念却集中在神阙处,体会气的变化作用。

体育运动的对应气,是水谷精微之气,属于半先天的,和我们出生后的饮食、习惯、锻炼等均有关系,叫"外气"。它在体表走真皮层,在体内走肌肉,能被人的意念指挥和锻炼。刚开始修炼的人,意念只能像健身体育运动一样,指挥和引领浅表的外力,其外发之力,是肌肉力,俗称"外力"。

传统的武功修炼的气和西方健身、运动、体育不同,武功修炼的气是"内气",内气对外作用叫"内力",内力的能量基础是"内气"。内气周身流通,但主要储存于气海,气海又叫"行窍",中医叫"经气",它又是"命气"又是"荣气",其实只是叫法不一样。它不止走经络,也走血管,往里能润泽脏腑,又能疏通经络,因其能外施,俗称"内力"。内力从气海发出,循经络游走,普通人包括运动员只有外力没有内力。

然而禅修能入禅定之气,不是肌肉发出的"外气",也不是游走经络的"内气",而是先天的"元气",这是宇宙本体的元能。元气是修者能入禅定的保障。元气不受后天思维和意念引领,修炼中我们反复强调要意念集中,集中不是为了契合元气,而是集中能制心一处,此时人的能量场大大加强,科学上叫"生物电场"。

禅定功夫强的人,同于造化,与天地同根,其元气必然充足。其实我们刚出生时,元气都充足,只是被后天污染了而已,内观是让人回归的修法,五心修养不仅要修内观,还有内嗅、内视等,反其道而行之,返璞归真。

意念集中肚脐，亦是反观之法，肚脐是先天之本，归念于此，慢慢地感觉不到自己的存在，再后来全身都麻麻的，逐渐感觉气血在走，时有时无。

从物理的角度来说力有作用力和反作用力，肚脐本是先天与后天沟通的桥梁，假设能量是个球，一个球动的时候，通过传递，另一个球自然也会跟着动，如果一个球动而另一个不动时，动的球就会对不动的球造成打击。

例如导弹打到地上时，导弹动而地不动，地就受到破坏。导弹打到地上，看上去导弹也破坏了，可为什么我们往往只注意到地被破坏，而不会关注导弹自己也破坏了呢？这就是主动和被动的关系。同理，我们从出生就受到后天的熏陶，后天动而先天不动，自然先天受到后天的打击，修炼的就是回归先天能量，能以先天能量为导弹，向后天人为形成的习气发出攻击，纠正和修正后天对生命造成的扭曲，回归到天真。

再从身体的角度来讲：体内气血不畅，经络不通、脏腑淤堵等均属于体内垃圾，是不动的范围，还有各种潜伏的疾病、肿块都是隐藏在体内不动的。如果我们能勤于修炼，修炼是动，能打击不动的沉积病源。反过来说，如果我们懒惰，不动，那么各种病毒、细菌是动的，其中癌细胞最活跃，自然打击不动的身体。修者主动发起打击，制裁被动的潜伏疾病、淤堵的过程中，可能有疼痛，有不舒服，但主动引爆和被动受伤，其性质天地悬隔。

我们的身体从一出生就已经包含了所有的信息，各种疾病、癌症的基因等当然也不例外，这些都潜伏在身体里，当人能精进修炼，气血、气脉通畅时，潜伏的疾病、癌症、肿块就会在打击中一点点退守，之后仿佛被打到虚空中一样，因为身心通畅，这些病原体没有了着落地，就像导弹在空中被主动引爆，地没有被伤害。

身体如此，意识何尝不是如此？如果人长期思想顽固，不知变化，保守执著，这就是不动状态。那么，外界不断变化的信息、时尚、流行是极动的，就会对人的意识造成妨碍，可以说意识越固执、越被动，就越会被影响、被干扰、越难以接受新事物，活跃度也就越低。反之，思想独立、灵活进取的，是与时俱进又不随波逐流的，这些人能发现外界看似千变万化的现象下不变的规律，又能随机应变，方便万行，不被红尘淹没。这种人，能以自己的灵活去启发社会上人性的善良和真诚，并驾驭人性中亦同时存在的贪婪和愚痴。

故此，禅修表面上看似简单，请修者不要忽略任何一个细节，于每个细节中都能参悟禅之妙理，参悟每一个微细点背后的奥秘。

修炼的过程是最快提高觉察力的过程，觉察力越细微的修者越能和宇宙万物无穷的奥秘相应。

觀
想

## 四 观画、听音、熏面、品丸、导引、坐禅时如何无念？无念又怎么观想

这里说的无念，并不是没有一点念头，否则岂非草木瓦石？都修成草木瓦石了还是禅吗？起心动念是无明烦恼，是思量，是琢磨，是分别，真正的无念，是无念无不念，即"应无所住，而生其心"。意念无所住，而生活泼的心。

《坛经》云："若无尘劳，智慧常现，不离自性。悟此法者，即是'无念'。无忆无着，不起诳妄，用自真如性，以智慧观照，于一切法，不取不舍，即是见性成佛道。何名无念？若见一切法，心不染着，是为无念。用即遍一切处，亦不着一切处。但净本心，使六识，出六门，于六尘中，无染无杂，来去自由，通用无滞，即是般若三昧，自在解脱。名无念行。若百物不思，当令念绝，即是法缚，即名边见。"

无念好像镜面清晰之镜子，镜内不存一物，却物来即显，魔来现魔，佛来现佛，自身并无半点分别心。无念是指镜子的鉴照功能，因本无所住而能照万物，生万境。

二祖面师时曰："吾心不安，乞师与安。"达摩对曰："将心来，与汝安。"

结果怎么样？"觅心了不可得！"笔者在《中国禅》中提到《楞严经》的七处征心，阿难尊者同样也在佛前"觅心了不可得"。

修者在修炼时为什么不能产生分别意识？分别意识即妄想，是依赖于自身境界的判断，自我判断这个好，那个不好；这个喜欢，那个讨厌；这个是正能量，那个是负能量；心中不信，小见狐疑，如此等等实为无明，属于执著在分别妄想里。佛在大乘经上时常讲："真心离念"，即真心是离开一切妄念的心。

您自己还没有觉悟，能分别什么是正、什么是负吗？因此修炼时不要先立个判断出来，只要保持至诚心，诚能通神，越至诚的人，妄念越少。

什么是无念时却能观想呢？此即"内观"，由于后天的污染，六根已不清净，回归清净的方法是内观、内视、内听、内嗅、内品……

例如内听是参悟声音是从哪里来的，集中观音从何来，千万不要以为从敲击处来，如果这样，还有什么绕梁三日的妙音？假如您心事重重地走在大街上，街上人声鼎沸，各种喧嚣为什么能听而不闻？心集中故，心集中时眼见、耳闻、鼻嗅等六根皆不再外涉，而是会专心致志，会发现声音是从心中来，心潮澎湃而生音，内听就是观音法。

释迦牟尼佛是怎么得道的？是内观。佛陀在菩提树下上坐，闭目内观，在心中看见了光明，看到了宇宙万物万事万有的规律和变化，看到了因缘和合之前的本体，定能生慧，无住生心，内观得道，佛陀因眼根清净则六根清净。所谓睹明星开悟，是说佛陀睁开眼的时间，不是指睹天上明星而悟道。内观契合了内在的灵光，灵光乍现如满天繁星。

可是这么说会有读者误解灵光是在内的，灵光有内外吗？内观法是通过发现灵光的本源,顿悟到了宇宙间灵光无处不在,不是只有闭目才能内观,也不是内在才有灵光,文字表述是有局限性的,不二法是无碍的。六根清净的觉者,无论睁眼、闭眼,都能契合宇宙间无来无去、如来如去、不来不去的灵光。

之所以修炼时先要闭眼,是减少外界的干扰,过滤环境因素对意念的影响,这是方便法,非究竟法。

达摩祖师曾留下了一部《洗髓经》,洗髓听上去令人疑惑,其实入门修法叫"伐毛洗髓",实践起来不难,先闭目把身体坐直了,然后开始动脊椎,可以摆动、蠕动、转动、蛹动,这叫"四动"。但一定不能用力,缓慢持续轻柔地动,不间断、不用力,左、右、前、后、上、下全面动,千万不要快,一定要圆动,圆融万物。

"动中之静为真静",这里放松不是像个软面团,是像发开后的面团,内虚外挺。"髓"浅层的含义是脊椎里的骨髓,初修时用动脊来洗髓,连续地不用力地动,动到一定程度,就忘记自己在动了,也就自然不动了,"伐毛洗髓"的诀窍即是"内观"。

《洗髓经》首篇即"无始钟气篇",云:"宇宙有至理,难以耳目契。凡可参悟者,即属于元气。"

为什么修炼时要修者尽量不去思考? 因为我们思维只是以过去经验来定义,并不明白宇宙实相是什么,不解实相的定义,都是妄想和执著。修炼是为了修者参悟本体,接近实相,尽量得到宇宙万物的一点点消息。杂念、妄想、执著妨碍了我们和宇宙万物的沟通;妨碍了先天元气的流动,而后天生存依赖的呼吸、饮食只是身体所需的热量,不是先天的能量。饮食能否转换为能量呢？我们去看看古代祖师们吃什么，他们吃什么补药了吗？

先天之气是伴随着生命而来的，和饮食无关，它与整个宇宙一切生命能量是一贯的，这才是真正的生命能量库。能量并不是静止不动的，而是生生不息、运转不停的。如前文所述，如果修者的大脑意识极度活跃，分析判断分别妄想不断，那么急速运转的能量是不会与之相应的，只有修者入静，以不动应万动，初期能量才能着床，这也就是为什么修炼必从集中、专心、入静开始。之所以说是初期，因为修者自己能量场强大后，会如大磁场一样，无论动静状态下，都能吸引另一方。

既然生命能量是运转不停的，则必然有其运转的脉络、方向，帮助修者摸清这个脉络就是各种"法"。生命的能量无碍无滞，一切生命和这股能量契合则活力充沛，远离这股能量则僵化麻木。这股能量不但可以穿金透石，水火不侵，也可以与矛盾的物理现象并行不悖。

我们看得到的生与死，只是能量的转换方式，生死是能量的变相，就像空气和风，也是能量的变相，没有空气，风无从生起，而没有了风，我们难以感受气的存在。修者如用现有有限的知识与凡眼、凡耳、凡鼻、凡舌、凡身、凡意，去思量无相、无量、无限、无时的禅境，如何能想得通呢？

生命能量一开始成形时，就像水、汽、烟、雾一样，恍兮惚兮、寂兮寥兮，混沌飘渺，至太极而生阴阳五行，进而分合交配，沉淀下来，出现液态、固态、气态等各种态，分离成不同质地的物质，再互相影响，互为缘起，因缘和合产生万有万物万事。

万物万事万有生成的过程极为奥妙，回归便是哪来回哪去，不过小根器的人在回归的过程中常常胆颤心惊,因为越修越感觉摸不着了,听不懂,抓不住,踩不稳,触不到,思不透,仿佛越来越恐惧,怎么什么都没了?怎么自己一无是处?怎么无一可以依靠?怎么无一可以寄托?……于是,疑虑顿生:既然什么都是空,为什么还要修呢?为什么还要利益众生呢?

而大根器人却恰恰相反,孔子说"朝闻道,夕死可矣",修行是越修越豁然,越修越明白生死原来只是能量幻化转变的过程,真正的生命会跟着能量变化而变化吗?生命会跟着生命体死亡而死亡吗?重生的人,新的生命体里会有"我"吗?什么才是"我"呢?……大根器的人会明白,原来一切的现象源于一气流动的作用,而这些假以逻辑思维来分析探究,或者强加分类,能分析出来吗?

修炼就是回归,看清楚本来的自己,然后到忘了自己,忘了常规意识,万年化一念,一念化无念。

我们为什么不能放下?因为心里有个对错在,佛陀在临涅槃的时候,有弟子问:"遇到坏人怎么办?"答曰:"默摒之。"也就是:远离。

谁是坏人?坏人不是别人,就是自己那颗被污染的心,修者被污染的心带动的行为意识;远离指的是要远离病坏的行为意识,病坏意识产生的行为,是坏人行。

远离干扰自己的意识尘劳,渐入佳境后,浅层可遍照体内五脏六腑,与脏腑气血相应,深层可见日月星辰光亮明彻,不内不外久久不息。此时,日常生活中时刻都神气充溢,见事物能朗然洞彻,此时自然就不再是满脑子妄想、执著的病坏之人了,而是心存善念,清明自在,所谓心虚则洞鉴,神灵而自通。

我们修养的过程中，观画、听音、熏面、品丸、导引、静坐时何必再东张西望？只要以至诚心对待当下发生即可，远离对错、好坏、善恶、荣辱、是非、贵贱、新旧，心中不起价值判断，只是简简单单地看，不思考，忘了在看画，不主动联想，平静对待内心中各种念头的起伏，不参与其中，不随之而去，这样看画实非看，以无念而无不念，心空才能内观。

眼根本身不会产生意识，六根并没有产生意识的功能，根只是一个传递的通道，眼根将外界信息传递给大脑，大脑形成眼识。

许多修者在进入五心禅室时，爱胡思乱想，静不下来，这是大脑意识处于紧张状态。大脑越紧张身体就自然变成自我保护状态，不接受、不信任、不安心，这时候修炼就成了个过场。

普通人的喜怒哀乐都在大脑意识上，而大脑意识会随着各种现象的变化而不断变化，当一直被大脑意识带着跑时，外在的现象变化越快，情绪就越无常。普通人无法控制意识，而是意识反控制，不自觉地成为"我"的仆人。"我"是谁？是色、受、想、行、识的假合体，就像电脑中毒了以后一切都开始不正常了，被病毒左右和干扰，就成了一个坏人。电脑中毒后，CPU自己能玩得很开心，自己中毒、杀毒玩个不停，可CPU是电脑的主人吗？电脑的操作人又是电脑的主人吗？给电脑安装程序的程序员呢？……

生命状态也是一样，表面上看我能决定我的行为，实际上呢？是大脑意识在指挥来指挥去，这就叫颠倒梦想。什么是清净呢？就是人能不受大脑意识的控制和指挥，逐渐地走出被意识、习气控制的境遇，学会和生命对话，契合初心。修养时，修者切勿被杂念占用宝贵的修炼机会，用诚心、信任去对待修炼过程即可。

禅心

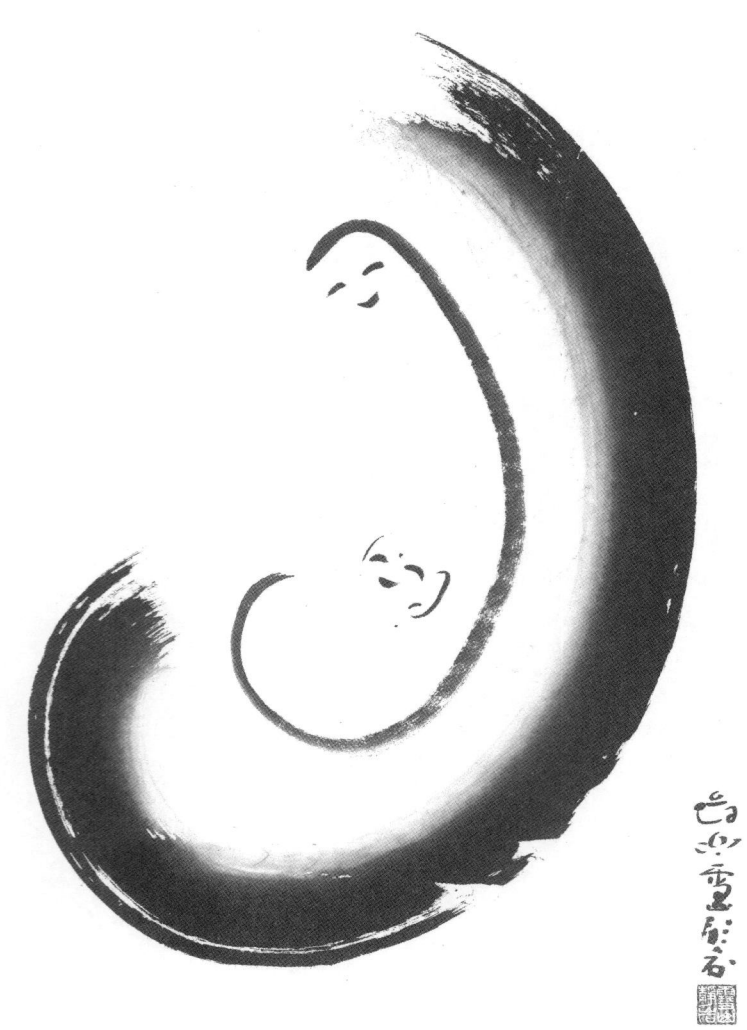

# 五 "五心修养"里每一心的禅画都不同，这有什么内涵

每位修者进入禅境的途径不一样，就像雨落在不同地方，会变成小溪、河流、江湖、沟壑，但不管什么形态，水都会用自己的方式最终汇入大海。

同样，每位修者六根能清净的契合点也不一样。

不二禅画天机变幻，其中意蕴丰厚，能发大千之象于笔中，连峰修麓，浑然天开，笔过千山而难见起落处，其气象已非水墨画那样突出简、静、空的禅意而已。

禅画本是中国画最独特，并且独有的艺术表现形式，每一幅都是画者直指本心的禅法体现，契者能走入画作，和画者卓尔不群的风骨相融。空而不虚，寂而不灭，简而能远，淡而有味，这是每一幅禅画所表现的共境，但个境却是因时、因人而异的。

用禅画修养帮助修者心清净是"中国禅"修养的独特修法，禅画之妙，妙在画气，此犹如蕴藏于石中之玉，潜在笔墨中，使作品充满生机和精神。形是具体的、物质的，而画气是抽象的、精神的。画气蕴于形中，然而形越具体，则气的外延越小。妙就妙在什么都不是，说似一物即不中，此

即"如是"。

祖师一心万用，化八万四千、百千万亿，皆为破执。兵来将挡水来土掩，禅门师法当然不在战场上的对垒夺胜，唯慈悲度化学执，此亦即惠能祖师"三十六对"说是也，"对"不是对立、对付，而是对机化法，慧剑直指。

禅画非一般艺术写意、水墨勾陈，是具涵大修行人能量的出世之修品，其以艺载道，虽为平面，实则多维，是修者契心法宝、渡河舟楫。所以，五心禅画构图、形相有别，皆为对治、转化五种不同习气，画不同，用唯一。

每一幅禅画均含摄"地、水、火、风、空"五大元素：五墨为地，水晕五色，走笔如风，气如火龙，留白印空。虚实相应的禅画展悬于目前，五大和合似静实动，画者蓄藏其中无染的清净能量，与修者混乱浑浊的心如白洞、黑洞阴阳互动，观画中修者吐故纳新，画中天地与修者乾坤圆融交摄，修者身心宛若新生，画中天地与自身乾坤圆融不二。

最明显的是很多修者观画时口舌生津，需不停吞咽，此津实为甘露，有人鼻子也流出清澈的黏液，此即"玉筋"，看起来像鼻涕，实是肾水上入于脑，水火相济。

人体之病皆由火起，水火不济、阴阳失调则百病生，普通人随着年龄增加，口水少，吞咽困难，记忆力下降，火往上顶。

苏东坡《续养生论》中言古人修行之密："长生之药，内丹之萌，无过此者矣。阴阳之始交，天一为水，凡人之始造形，皆水也，故五行一曰水。得暖气而后生，故二曰火。生而后有骨，故三曰木。骨生而日坚，凡物之坚壮者，皆金气也，故四曰金。骨坚而后肉生焉，土为肉，故五曰土。"修者观画时产生的津筋正是道家长生之"仙药"，是科学所谓永葆青春且人工合成不出来的"荷尔蒙"。这些津水,可转化心中的情绪、欲望、贪念,从而平复血压、血脂、血糖,濡养身心。

唯有勤于修习的修者能感受到什么是"返老还童"的滋味。身心皆通时,修者生命深处迸发出的快乐和逍遥,是无法用言语表达的。越圆满的生命体,五大越调和,气场越强,光明越亮,内心越空,生命的活力越是得到展现。

气生则通灵,气顺则通神,气清则通心。

画家御气而泼墨江湖,忽而圆融浑厚,忽而拙朴大方,忽而灵动可爱,这就是禅画的生命力。得此道者,敢于大幅留白,心虚能吞万象,心净有容乃大。

形不过是一种器、一种媒介,是表现画家神气的载体。禅画之妙不在形上,在于画气通达,才能产生神逸之妙。心无量时可包罗万象,心平和时可高明深远,这是禅画的张弛力。越有精神气的画,越能与人通,人之呼吸因人而异,快慢不一强弱有别,画气的深浅快慢强弱亦是。故,不同修者、不同的修境、不同的修法需要不同的禅画与之相应。

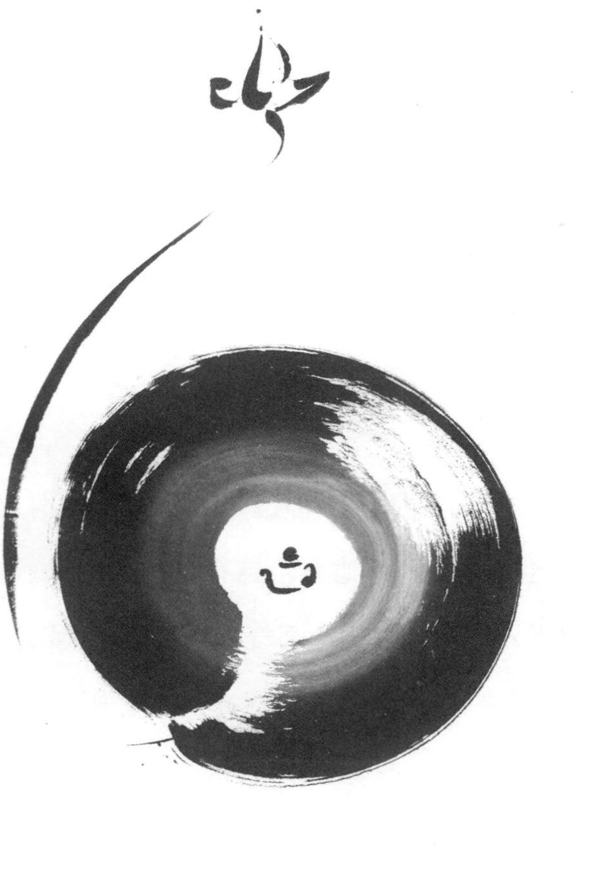

# 六 修者耳根修养时
# 听音的作用和平时听音乐有什么不同

我们前文提到修养时的听,是内听。其作用不在于外在的音声,而在于修者当下的心,故,这是观音法。

《楞严经》中,观世音菩萨在楞严会向世尊汇报观音耳根圆通法门如何成就时说:"忆念我昔无数恒河沙劫,于时有佛,出现于世,名观世音。我于彼佛,发菩提心。彼佛教我从闻、思、修,入三摩地。初于闻中,入流亡所。所入既寂,动静二相,了然不生。如是渐增,闻所闻尽。尽闻不住,觉所觉空。空觉极圆,空所空灭。生灭既灭,寂灭现前。忽然超越世出世间,十方圆明,获二殊胜。一者上合十方诸佛本妙觉心,与佛如来同一慈力。二者下合十方一切六道众生,与诸众生同一悲仰。"

这段话不管理解不理解,修者要反复背诵。观音法并不难,关键在于反求诸己,能回归心声即观音,经中叫"反闻闻自性,性成无上道,圆通实如是"。

为什么观音耳根圆通法适合婆娑世界众生呢?因为耳根最难关闭,同样也最容易修成。"反闻闻自性"是一种修持功夫,禅门叫参禅,即歇灭狂心,回光返照,契合自性。故此,观音法不是指特定地点、情况下才能契合自性,而是通过特定地点,通过修持要达到行住坐卧都不离"这个"的禅境,也就是说"行住坐卧不离这个,离了这个,便是错过"。

"这个"是什么? 就是自性、本性、佛性、真如、涅槃、道……由于无法描述,假名"这个",修者用心内听能闻心声,越来越能闻平时难闻之声时,就有可能在遇到某个莫名其妙的事、境、声、相时豁然开悟,如果心离开了"这个",就必然外散,不能聚合,那就不能时刻契合闻性,只是普通的看、听、吃。

观音菩萨向世尊汇报完耳根圆通法门后,站立一旁的文殊菩萨当即证明说:"我也是从耳根修成的,不单是我,过去的微尘数佛,过去诸如来,都是从'反闻闻自性'这个圆通法门成就的。"不仅过去,现在诸菩萨,也是由这条路达到圆明的,所以未来修学人,都应该依此修行。

又,据《妙法莲华经》"观世音菩萨普门品"中云:"妙音,观世音,梵音,海潮音,胜彼世间音,是故须常念。"

此偈所云"音"分四种:妙音、观世音、梵音、海潮音。

什么意思呢? 谁能观世音? 不是某个人,而是宇宙生命中不可思议、不可测度之微妙性体,即众生的自性、本性,以其自性、本性本具足而常持"音"故,众音皆从此"音"出,微妙性体所出之音,名"妙音"。

此妙音之用,即能观大众音声而应之所在,名"观世音"。

能观妙音之体清净,微妙本体乃不变随缘、随缘不变的,故名"梵音"。梵,即清净意。

"海潮音"之意有八。

第一，此妙音能使相应者当机解脱。

第二，音性如海，包容一切污垢，容纳一切众生。

第三，能吞噬一切生命体。

第四，海潮无念，却从不失时，此为"无缘大慈"。

第五，海潮不待人请而自来，随机说法，此为"同体大悲"。

第六，海潮没有定相，变化无常，时起时落。

第七，能受又能容。

第八，若有真诚心感天动地者，能量即应而不过时，如潮不过限。

如此种种，名"海潮音"。

但不要以为唯观音菩萨应化之音是海潮音，《楞严经》卷二中写道："佛兴慈悲哀愍阿难及诸大众，发海潮音遍告同会诸善男子。"即佛说法之音，亦有海潮音。

由此可见能观妙音之体和所观之妙音，皆非世间音声，不是什么艺术欣赏，亦非世间的一切歌舞伎乐，这些都不可用来譬喻微妙音。

修者在修炼中听音时，如心不外驰，常念菩萨慈悲利他功德，如此，则心愈发清净，清净心能观音。

同理，修者观禅画时心中无杂念，而是常念菩萨慈悲利他功德，则会感觉禅画似乎通过眼睛走进体内，闭目犹可见。故此，修炼后究竟看了什么画记不得，听了什么声不知道，但却能帮助身心清净。

生活中大多数人喜欢追逐声音的外在现象，被声音所颠倒，这是被声音所沦溺，修者通过修炼，返本归根能和心音契合。故此，不同心境的修者，所观之物、所闻之音、所修之法、所喝之水、所经之事、所读之书，表面虽同,而内心体悟实是千差万别。

　　现代科学在研究"声聚变",即研究声音中产生核聚变的原理。这只是声音对生命产生作用的一部分现象,科学家称为"声化学"。为什么呢?因为科学家也发现了声音能发光。

　　声波为什么会导致气泡?气泡里的能量为什么会释放光?科学至今解释得不圆满,但至少,开始走向声音的深处了。

太極松

雲齡名

## 七 鼻根修养有什么重要性

生活在都市的现代人和古人不同,现代城市空气的污染情况是古人不可想象的。故对于现代人来说,身体最急需净化的是呼吸道,最急需改善的问题是呼吸浅表化。我们一周不吃饭不会饿死,一天不喝水不会渴死,可如果三分钟不呼吸就会憋死,活着的生命体是片刻也离不开呼吸的。

由于紧张、情绪、忙碌、身体不健康等各种原因,普通人的呼吸几乎都呈现浅表化趋势。令人担忧的是大多数人对此并不在意,并不知道呼吸变浅的危害。其实通过观察小孩子的呼吸就知道,孩子的呼吸是用腹部,随着年龄增长呼吸部位逐渐上行,到了临终状态就是一口气在喉咙里上不来,也可以说呼吸每上移一分,则生命力下降一分。

道家《阴符经注疏》曰:"眼为神之门,耳为精之门,口为气之门。视之不息,则神从眼漏;听之不息,则精从耳漏;言之不息,则气从口漏。"

普通人对身体使用过度,片刻也不得安静,连等个公车、电梯,坐个出租、火车都能见到遍地广告,这叫公共催眠。生活中到处是喧嚣,以前清静的公园也随处可闻声污染。这种无孔不入的干扰使得现代人出奇地心慌,表现就是爱动、爱说话,时时想证明自己的存在。于是乎,眼漏、耳漏、口漏、身漏,处处漏精。精是元精,古人强调有修养的人常闭目养神,纳言敏行,这些都是长养精神的方法。可是现代人不在意,被欲望催得成天坐立不安,时时处处漏精,加之思维复杂,思虑过重,压力巨大,自然呼吸越来越浅,这和吃多少补品无关,补品无法帮助调息,相反,有的反而会堵塞经络。

现代人常常火大、气虚、身寒、体湿、心躁,故此,修炼时,这一切都得从呼吸恢复平稳开始。呼吸稳定了对情绪稳定有一定的作用,"五心"在鼻根修养时相对花费的时间长一些。

熏面不仅是熏料之气进入呼吸道,熏的同时要求舌抵上腭,这是闭塞风关法,目的是帮助调息和缓引肾水上行,灭却心火。佛法将心分为心意、心神、心性等,心意相当于人的第六意识,也就是大脑意识;心神是第七识,是思量分别判断的地方;心性是第八识,是这一切的本体。

熏面同时舌抵上腭和调息有什么关系?古中医如果遇到急性心脏病发作,有用刺舌来抢救。医生会把病人牙齿撬开,用手将病人舌头拉出来,舌头底下有两根青筋,这青筋血很特别,许多高僧刺此处舌血写佛经供佛,因为这不是一般的血,抢救急性心脏病发作时对着这两根青筋轻刺,常常一出血人就能救过来。

心是脏腑之王,开窍于口舌。"舌为心之苗",口舌吐纳五脏之气,识别五行之味,所以心的疾病,从口舌可辨、可治、可调。舌抵上腭叫"归舌"和"摄心",有一定功力的修者可以说除了吃饭说话,其余时间舌头都常卷着,甚至睡觉也不例外,舌抵上腭能帮助肾水上升,使情归性,助阴复阳,舌不调好,难以调息修定。

现代人呼吸浅表根于肾气不足,人的呼吸作用除与肺有关以外,与肾更是密不可分。从经络来讲,"肾上连肺,肾脉上贯膈,入肺中"。

五行当中,肺属金,肾属水,金水相生。呼吸出入人体的气,其主在肺,其根在肾。肾气充足则肺气也就会较为充足,人才能维持正常的呼吸功能。反之,若肾气不足,摄纳无力,不能维持吸气的深度,或者肺气虚弱没有及时地调理改善,日久就会影响到肾,导致肾气亏损则不能助肺吸气,就会产生出呼吸浅表或呼出多吸入少,吸气不能至下腹的情况。

呼吸畅通首在于肾水充沛,肾气充足。身体内水火相济、阴阳平衡了才谈得上精炁神。"炁"是什么意思? 是指元炁。

精满不思淫,炁满不思食,神满不思眠,其中,精是基础。修者在进入修养前,不是忙于工作,就是陷于家庭,须知每个人的心地风光本都是活泼泼的,却由于长期疲于奔命,干枯了,所以需要通过修养恢复精力。不过修炼又常常是不太舒服的,常会炼得酸麻肿痛,就像爬山后小腿排酸时一样,其实这是正常现象,如《易经》所说,这是剥、复之机来了。

剥与复,都是《易经》上的卦名,"剥"是坏到极点,脱胎换骨,痛苦至极,生机也就来了,剥极则复,生命活泼泼地生机盎然。但这不是一个新生,而是恢复生命的本来机能,所以叫"复"。

复什么? 复元炁。道家讲由尾闾骨循督脉过头顶下来到任脉,又降下打通奇经八脉,最后三花聚顶五炁朝元。什么是"三花"? 就是精炁神。什么是"五炁"? 金、木、水、火、土,亦即心、肝、脾、肺、肾,亦即地、水、火、风、空。但是"元"无方无位无相无形,有这些就不是"元"了。

"元炁"浑然无为,寂然一体,合于炁者,通身有内外光明若隐若现,密教称之为明点,禅门称之为灵光。

身体修炼只是修行的方便,是契合本来面目,恢复元炁的桥梁,如果把调身当重点,以为这就是修禅了,那是大错。

有学生曾问,修禅修成之后,会长生不老吗?您看看僧肇祖师为什么三十一岁即圆寂?颜回亦是三十二岁离世,要知道修禅不是为了长生不死,而是通过修炼能合于身外之生,这是法身。

故,修成之人不局限于此肉身,唯以愿为本。

庄子在《人间世》里,有一段颜回和孔子的重要对话,颜回是那个"一箪食一瓢饮居陋巷"的颜回。他想去卫国教化暴君,孔子不让他去,但也没有直接阻拦他,而是让他回去"斋戒"。其目的在于,让他自己好好反思、反省、反观,真正看到自己想法的幼稚。

颜回听了说:"我家很穷,吃不起肉,已经吃素三个月了,这算斋戒吗?"

孔子说:"那只是表面的斋戒,我说的是心斋。"

颜回问:"什么是心斋?"

这个时候,会说故事的庄子就把话题引入《人间世》的核心了。

通常人认为吃素是斋戒,而孔子却在说"心斋",心斋有三层含义。

第一,"耳止于听,心止于符。"这就是我们前文说到的不用耳听,不用眼看,找出那个能听、能看、能嗅、能品、能触、能意的源头。孔子说:"听之于耳,不如听之于心;听之于心,不如听之于气。"他让颜回去领悟去看那能听的"功能",和所听到的"内容"之间究竟是什么关系,这就是让颜回内舍"六根"、外舍"六尘"、中舍"六识",回光返照,去发现那个"不生不灭、不垢不净、不增不减"的本体是什么。

第二,"绝迹易,无行地难。"也就是人但凡做了什么事,可以抹杀证据,但骗不了自己的心,心上留下了痕迹会进入内在意识,成为果之因。

第三,"虚室生白,吉祥止止。"这是由于"无我"而产生的澄澈明朗的境界,虚室是比喻心,心能空虚的人,则纯白独生,心被慧光映照,无妄想无执著,《楞严经》说:"想相为尘,识情为垢。"一切尘垢都不过是人信以为真的概念,当心空虚下来,便清除了心理杂草和尘垢。则"我有明珠一颗,久被尘劳封锁;今朝尘尽光生,照破山河万朵"。

孔子对颜回讲"心斋"的真意,其核心乃是"唯道集虚,虚者,心斋也"。如何才能始终让自己的心如同一面光洁的镜子,物来则应,境去不留。

结果没想到,精彩的来了,颜回回家尝试"心斋"后回来报告说:"'回益矣。'曰:'何谓也?'曰:'回坐忘矣。'仲尼蹴然曰:'何谓坐忘?'"

也就是颜回报告老师说自己修到"坐忘"了,于是孔子"蹴然"。古人都是跪着坐的,屁股落在脚跟上,"蹴然"是指孔子激动地赶紧直起身,问道:"何谓坐忘?"颜回答曰:"堕肢体,黜聪明,离形去知,同于大通,此谓坐忘。"

孔子听了,很开心地给颜回印证说:"同则无好也,化则无常也,而果其贤乎!丘也请从而后也。"

也就是说,颜回已经"同于大通",无是非善恶的对立了,能合于造化的变化无常,也就是达到了反省的作用,不再纠结要去卫国实行"正义"了。

孔子说:"哎呀,我得向你学习了。"

可见真要了解儒家,就得好好修行。孔子是修行人,颜回是修行人,道家呢?老子、庄子皆是大修行人,古人不是专门修行的,而是要合于大道者必须修行。唯有身体力行实修实证的人,才有可能真正读懂圣贤书,解其真实意。

"堕肢体"是指意放松,心要虚才能几乎没有身体的感觉。精神上则要"黜聪明",放逐平日里那点小聪明,少自以为是,少追名逐利,这样才能"离形去知",最终"同于大通",和宇宙大通合一。"大通"就是宇宙天地间能动的那个本体啊!得舍得把自我意识一点点舍去,"为道日损",舍得越彻底心就越虚。《庄子》的《大宗师》里,这些"大宗师"们,哪一个不是大修行人?

修行不用好高骛远,认为必须离家出走,必须远离红尘,必须辟谷绝粮,修行就是从脚下开始。"五心修养"里的修法都不难,也不用您离开工作生活,每一种修法都是唤醒我们沉睡的本性。普通人的生活是被习气所控制。习气是什么?就是妄想和执著,是欲念过甚,同一种意识在大脑里反复出现,就会形成记忆和依赖,我们误以为这就是我们的"想法"。

当这些想法固定后,一旦得不到满足,大脑就会分泌一些激素肽,刺激人的末梢神经,进而传导中枢神经,纠正我们的行为意识,最后巩固成为习气。例如吸烟的人,当然知道吸烟有害健康,烟盒上印的显而易见的字和恐怖的烂肺照片,不是看不见,而是故意视而不见。

知道道理没用,道理不能改变习气,知道的道理越多,反而更痛苦,因为没有心力指挥行动去改变,越知道得多越分裂,这些记忆、依赖、成瘾本都是大脑意识的游戏,是细胞、意识被衰变的"想法",人要想不被衰变者控制生命,成为一个"坏人",就得通过修炼增强心力,心力是宇宙的原力,无往不胜,契合心力的路就是"闻、思、修"。

"五心修养"熏法的时间较长,修者整个身体被蒙在盖巾里,眼不见、耳不闻,嗅觉独生,精神独在,是最敏感明锐的时候,由外嗅熏料之气而引发逐渐向内,不久便能体会自己体内腐朽浑浊之气,进而鼻根清净的修者在生活中能嗅到其他人身上的腐朽浑浊之气,以及食物中的腐朽浑浊。我们能见许多灵性动物就有这种功能,不会乱吃东西,而迟钝的人和动物鼻根退化,闻不到被调料、香水覆盖的腐朽浑浊。

《内经》云:"古有真人者,提挈天地,把握阴阳,呼吸精气,独立守神,肌肉若一,故能寿蔽天地,无有终时。"这就是我们修者修行的纲要,也是修炼的方法。

修炼先从意念专一能静开始,不用后天的功利心玩花样,耍小聪明,《内经知要》中说:"不根于虚静者即是邪术,不归于易简者即是旁门。"因此,鼻根清净法是敛神法、虚静法。

平常人爱讲话,气往外放,消耗能量,故此呼吸日浅。修炼则反之,是接收,是收敛,是养神,是包容的,"体虚用返"为修养。

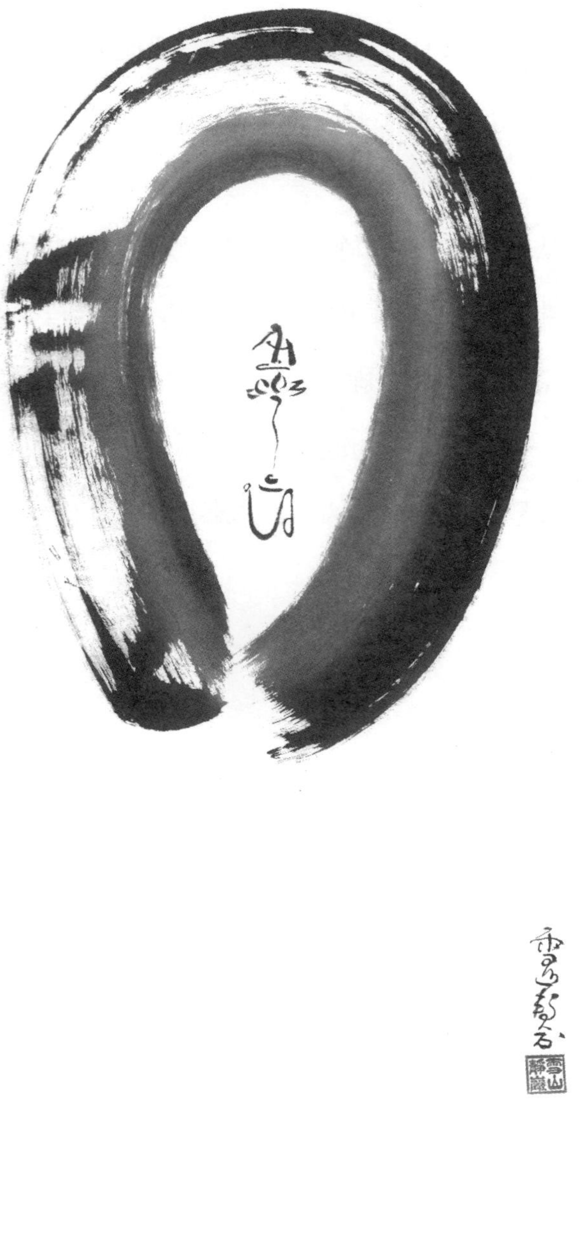

## 八 怎么理解"宇宙即我，我即宇宙"

西汉贾谊有篇著名的《鵩鸟赋》，其中有段精彩描述曰："且夫天地为炉兮，造化为工；阴阳为炭兮，万物为铜。合散消息兮，安有常则？千变万化兮，未始有极，忽然为人兮，何足控抟；化为异物兮，又何足患！小智自私兮，贱彼贵我；达人大观兮，物无不可。"

这里清楚论述了世间万物物相转化、福祸无常之道。

公元前140年，汉武帝向天下征求"古今治道"。不久后，董仲舒一共上了三道奏折，后人称为"天人三策"，其中有一段："夫天亦有所分予：与之齿者去其角，傅其翼者两其足，是所受大者不得取其小也。"也就是说，上天对于一切众生都是平等的，就像给了利齿就不会给利角，给了翅膀就不会给健腿，所以如果想便宜全占，那么在动物界是妖怪，在人类是祸害。贪得无厌的结果，董仲舒下了一个断言——"患祸必至也"。

贾谊用熔炉来比喻天地，源于庄子，庄子在《大宗师》中讲道：有个铜匠在冶炼铜汁，铜汁突然跳出来说"我将要成为干将、莫邪那样的宝剑"！铜匠认为这是不祥的兆头，即弃去不用这异物。

天地为大熔炉,万物都在这里熔炼,如果突然有种人形之物,跳起来大叫:"我是人!我是宝!我是天地之主!"天地也会认为这是不祥之物,故将弃去不用。换句话说,人是万物之一,不异于万物,只是因缘际会偶成为人,天地无言,人有责任以文而彰显天地之道,知变化为天文,知止为文明,知教化为人文。

故,《易经》"贲卦"曰:"刚柔交错,天文也。文明以止,人文也。观乎天文,以察时变。观乎人文,以化成天下。"老子亦云:"天之道,损有余而补不足。"天地运行的内部发展变化自有其规律,自然之道是种动态平衡。人类和万物万事万有必须保持平衡,如果失去平衡,也就是人以为自己是天地之主,那人类的真正危机也就到了。因为有了天地,人类得以有了生存空间,人类是自然万物的一分子,不是对立面,更不是领导者。如果人类以无尽无休的欲望改造自然万物,天地也就失去了上下运行的张力,当然会以灾害的方式,如台风、地震、瘟疫等来"损有余而补不足",以保持平衡。

老子又云:"人之道,损不足而奉有余。""不足"指的是贪欲太多引发的不平衡;"有余"指的便是清净,禅门用"退、减、止"三法以"损不足",用"参、默、观"三法以"奉有余"。

老子把天地之间万物生存的空间比喻成"橐仑",也就是一个大风箱。风箱的空间是有限的,人类要学会控制自己的欲望,"动之愈出,多言数穷,不如守中",如果侵占了其他生命的生存空间,火就得灭了。

人本可以无碍地融入宇宙万物,有碍是心中已和宇宙万物对立了,以为别的生命妨碍了"人",或者别的生命低级,只配为人之食物。人类自大自傲,极少人意识到人的存在已对宇宙中其他生命的生存空间构成了威胁，这也是对天地运行规律的威胁。

天地运行是个环，环如果断了，还如何运行？如果把地球上的所有能源都开发光了，南北极还能平衡吗？冬夏是极端转期，春秋是平衡之道，如不循天道，老子则警告："天无以清将恐裂。地无以宁将恐废。"

天有天规，地有地法，人有人伦。人如无伦，任由无尽无休的贪婪欲望发展；地如无法，万物失去和谐；天如无规，失去天道平衡，那时会发生什么？皮之不存，毛将焉附？

人类的文明本是知止，是补天地不足，是与万物和谐共存。天、地、人同频一气，周流往复，无他无自，这样才合于大道。

那么人类怎样控制欲望而知止呢？即"孰能有余以奉天下，唯有道者。是以圣人为而不恃，功成而不处。其不欲见贤邪"！这就是"无我""无私"，从果到因，人因"无我""无私"的胸怀而能宇宙即我、菩萨即我、心即我。

老子云："天长地久。天地所以能长且久者，以其不自生，故能长生。"善德和感恩才是人类和宇宙共生的真正自利生存之道。

"心逐物为邪，物从心为正。"不要为物所役，这就需要及时调心了，如禅门二祖慧可大师，付法给三祖僧璨后，即前往邺都，韬光养晦，变易形仪，随宜说法，或入诸酒肆，或过于屠门，或习街谈，或随厮役，一音演畅，如是长达三十四年，为什么？还不是为了调心？祖师调心尚需这么久，更何况普通人呢？

调心有没有步骤？佛经里说有，分为戒、定、慧、解脱、解脱知见五个步骤，但这可不是次第进行，它可能是同一时间，顿时到达解脱知见的境界的。为什么？心有次第吗？心无次第，相应则解脱，在没有真正解脱前，一切都是过程，这些过程是成就般若的前奏，般若是人生的大智慧，调心就是为了解脱知见的，能真正解脱知见唯有靠般若之力。

有人问，我不仅没有越修越解脱，反而越修越糊涂怎么办？这分为两种情况：一种是路不对，一种是路正确。那怎么区分呢？

路不对的，是不知道方向，越修越迷信，成天迷在仪式、形式里，迷在见了某某高僧大德的名气里，迷在和某某名人、明星是同修里，迷在念咒念佛里；而修法正确的，是清楚知道方向，知道自己最终要去哪里，也知道该怎么修，只是自己的心力不够，放下不够，借口太多，习气太重，故而自障。

还有一种人，修行很精进，每天在参悟，可越参悟感觉越糊涂，这是什么情况呢？因为生命的本来面目哪有不是混沌的呢？混混沌沌，你中有我，我中有你，生命是什么？谁是我？我是谁？父母未生我之前我是谁？父母生我之后谁是我？本来无我分明在，无我之中更有谁？何必要分那么清楚呢？非要把禅用科学分析、数据解读得清清楚楚，才叫糊涂人呢！

当"我"停下来静静地观时，才明白天地万物一直在静静地观"我"。如此，甚好！哪一法修好都能悟道，哪一法也都有自己的境、缘，彼此不可替代。"归元性无二，方便有多门"，八万四千法门，莫不殊途同归，归于何处？万物体同而用异，宇宙与我，不一不异，不即不离。

"五心修养"是禅法，不是养生法，故修养的目的是契合禅心。修养的过程，修者契合最快的方法只有一个字——参。

修和参最终都是为了——悟。

修养的浅层作用能帮助修者的身体健康一些。修者能身体健康，是为了更好地回向众生,如果不健康,成天病痛不断,又有几人能做到心不受病痛呢?为了更好地回馈大众,保持基本健康的身心是"五心修养"的浅层作用,但不是通过"五心修养"来治病,或者通过禅法养生长寿。

人有三宝,道家叫精、气、神,佛法叫身、口、意。宝都是两面性的,就像财宝多了,能善用的时候,就能利益更多众生,这种财就是宝;如果自私自利,不懂善用,何尝不会带来灾难?这种财就是害,就是业。

人生的宝也一样,精气神、身口意,您学会善用,就变成您的宝,不懂善用,就会障碍到生命健康,禅修方法是帮助您善用、启动精气神的能量,让善的一面作用发挥出来。

您在修养时能完全放松的时候,天、地、人能与您圆融。身体在圆融状态下,循环代谢会好,精气神能被善用。

有些人害怕小动物、虫子:蜈蚣、蚂蟥、蝎子、老鼠,或者蛇,其实其中有些人连死都不怕,可怕虫子,您要是问他为什么怕,他也不知道究竟怕什么。是怕的念头缠住了它。

修炼的人炼定力的时候,有些爬虫,蚂蚁、蜈蚣、蝎子等在修者身体甚至眼皮上爬过的时候,他都能一动不动。为什么呢?因为爬虫也好,毒虫也好,它是不会伤害不动的人和生物的,您心里动一下念,可能就会受伤害。

为什么可以不动呢?因为是真"心外无物"了,放下了所有的紧张、揣测、担心以及由此产生的肌肉的紧绷、抽搐。虫子爬在地上、树上怎么不去伤害地和树呢?

别人为什么会对您造成伤害?因为您心里已经开始预先紧张了,预先设定了对立状态,对方自然能感觉到。怕,是您设定了虫子会来攻击您而担忧,心中已经有预判了,所以才会自己吓自己。

您预先不信任,自然时刻紧张。什么是放松？正相反,不预先设定,完完全全把自己放下来,像土地一样。土地为什么有这么深厚的承载能力？不怕开发、破坏？因为大,因为厚,博大和深厚而不忌小伤,同理,人的能量大而厚时,为什么担心呢？

现代人无论工作、交友、持家,都严重缺乏信任感,故而意识时刻处在不自觉紧绷态,这种生存态过度消耗了生命的能量。能量消耗过度,会成为恶性循环,反过来又对放松起负作用。

生命能量的使用是有限的,如果使用过度,就会进入能量紧张态,故而尽管没有大量运动,也在大量消耗能量,生命内持续的张力会不断地消耗能量。如法修炼者,会有利于生命张力的弹性,帮助恢复能量场。

注意,运动不能直接帮助恢复能量,因为肌肉也在不断地使用能量。人有两种肌肉类型:随意肌和不随意肌。随意肌是指能随着大脑意志运动的肌肉,比如用手去干活；而不随意肌则是不听从大脑意志控制的肌肉,比如心肺运行、脏器运动等。

当人处于紧绷态时,人的消化系统、代谢系统、排毒系统的作用会随之降低,这和肌肉运动关系不大。修炼则是直接令身心松而不懈的,这和体育运动不一样。

运动只是运动随意肌,而不随意肌的运动则非人力可控,这些不随意肌在持续累积着张力。当人全情投入工作、炒股、游戏、搏击时,心脏的不随意肌会加快心跳,帮助人保持在兴奋状态,以应对挑战。此外,情绪变化也会影响不随意肌,焦虑、兴奋、不安、失眠、多虑、抑郁等情绪下,身体时刻处在"备战"状态。

所以尽管有些人一天下来一动不动,也会大量消耗能量。有些人看上去在休假,实际上大脑无时无刻不在妄想中,这和身处何地无关,长期持续地透支能量,是现代人的常态。

许多公司企业文化鼓励人们成为加班狂,成为狼性团队,误将持续紧张和高产出、高质量画等号,将放松和懈怠等同。受到这些文化影响,许多人认为只有不断地做事,才能证明自己的价值,才能不被社会淘汰。时时剑拔弩张,潜意识唯恐自己放松。

长此以往,人会习惯性地找机会、拖延,会陷入没人找、没事做就焦虑的状态,最终形成长期无意识的紧绷感。有些人误认为事情做完我再休息,岂不知事情是做不完的,一件接一件地会不断出现,心不放松,人会自己找事做。

长期紧绷态的人表现为高敏感态,对他人的情绪态度、评论说法、外界反应等会反应过度,不自觉地时刻惊恐不安,词不达意,疑神疑鬼,绕来绕去不肯直接说话,像个过街老鼠,这当然消耗极大能量,也就容易持续疲劳、生病。故现代人,尤其困于紧张态。生活能天天紧绷着吗?

云居禅师每天晚上都要去荒岛上的洞穴坐禅。有几个爱捣乱的年轻人便藏在他必经之路上,等到禅师过来的时候,一个人从树上把手垂下来,扣在禅师的头上。

年轻人原以为禅师必定吓得魂飞魄散,哪知禅师任年轻人扣住自己的头,静静地站立不动。年轻人反而吓了一跳,急忙将手缩回,禅师便若无其事地离去了。

第二天,他们几个一起到云居禅师那儿去,问禅师:"大师,听说附近经常闹鬼,有这回事吗?"

云居禅师说:"没有的事。"

"是吗？我们听说有人在晚上走路的时候被魔鬼按住了头。"

"那不是什么鬼,是人。"

"为什么呢?"

禅师答道:"鬼没有那么宽厚暖和的手呀!"

他紧接着说:"临阵不惧生死,是将军之勇;进山不惧虎狼,是猎人之勇;入水不惧蛟龙,是渔人之勇;和尚的勇是什么？就一字:'悟'。连生死都已超脱,怎么还会有恐惧感呢?"

无作,无受,自无忧。

身意修段,修者逐步体会并能感觉放松后,开始修炼观想。

第一步观想:我即宇宙,宇宙即我。除了宇宙没有其他,我的眼耳鼻舌,我的手脚,我的大脑、衣服,一切都没有了,我自己也没了。

第二步观想:我即菩萨,菩萨即我。我是菩萨的化身,菩萨的化身是我。其他什么都没啦,没有这个屋子,没有老师,没有这个环境,我立在大千世界的云端之上,钻在毛孔里,在任何地方,我即菩萨。

第三步观想:我即心,心即我。心不是看不见吗？我现在看见了,我的心就在我的面前,一切都是我的心,心就是我。

观想是契合心声。

老子说:大音希声。一个人真正放松后,会听到比原子弹爆炸更大的声音,能听到自己心跳的声音、血脉流动的声音、气行走的声音、脏腑振动的声音。这些内在的声音一直都在,为什么听不到? 因为一直静不下来,放松不下来。

就像水一样,一直动的情况下,浑浊的东西不能沉淀下来,静下来的时候,身体八万四千的细胞都会发出自己的声音来,这些微细的声音您都能越来越微细地分辨出来,但却对您没有任何影响。宁静不是什么都听不到了,而是什么都对您没有干扰,这叫入静。

宇宙中星体运行的声音大不大? 太大了,人为什么听不见? 因为耳朵听力有限,不是没有声音。人虽有耳朵,其实和聋子差不多,体内的音声:血管的奔流、心脏的跳动、气息的流动听不见,外面的微风也听不见,耳朵觉力有限。入静了以后,清净了以后,会发现体内的这些声音比飞机的声音都大。

人处在静态的时候,这些大声音对自己一点影响没有,这时候身体是彻底地转化了,入微细了。

这种体验特别奇妙,身游太虚,自己在里面无论多大的声音都感到万籁俱寂,神仙一样。此时嘈杂之音、天乐之音对您来说都是天籁。

天籁之音,不是世人认为好听的声音,天音是凡人闻所未闻的声音,包括自己内在的声音,嘈杂、美妙与自己都毫不相碍。

无间、无碍、通达周流。清净不在于声源,而在于能听的心。

如果声源和听念是一体,那么心声怎么能听不到?

这就是"观"的作用。

靜坐

## 九 静坐和坐禅含义一样吗

静坐和坐禅不能同日而语。

初修者刚修禅时,叫静坐。只是人为地身子不动坐在那里而已,内心中五味杂陈,意识一刻也不停,从人生回顾到工作计划,表面安坐不动,内心却躁动不安。庄子谓之为"坐驰","容仪虽端,精神驰骛,形坐而心驰"。一坐就困,坐在那儿昏昏沉沉、懵懵懂懂的,这叫呆坐。还有的一坐下来就形同槁木,心若死灰,这叫枯坐。

初修者修炼静坐的目的,是将修者的心念从浮躁的状态拉回来,专一守静,可以说,静坐是修戒的一种方法,是人为的,这和坐禅不同。

什么叫坐禅?不局限坐的形式,如《维摩诘经》"弟子品",维摩大士呵舍利弗林中宴坐时说:宴坐未必坐。行住坐卧都可以是坐禅。《坛经》也说:坐禅不看心,亦不看静。

坐禅的核心是"观"。"观"和"照"是有区别的。我们说观世音菩萨、观自在菩萨,为什么不说"照"世音?"照"自在?"观"的意思是如实观察,观察自己的起心动念,观察万物万事万有的实相,这是透过观察自身来净化身心的一个过程。

开始的时候，多是借助调息来提升专注力，等到觉知渐渐变得敏锐后，就要修炼观察身和心不断变化的过程，要深刻体会无常、体会苦以及无我的普遍性实相。这种经由实践去了知实相的方式，就是"观"，其过程是自净化的过程。

禅门祖师从来没有对特定的少数人传授秘法，相反的，祖师们只说宇宙万物实相，懂不懂就取决于学人自己的境界了。

唐代禅门既无明确教派也无个人崇拜，因为祖师们清楚，传法人的个性与所传之法比较起来，实在是微不足道，众生如果因为修禅修成了盲从迷信的信徒，那实非禅修。

无论某位祖师多么了不起，对个人的坚定信仰并不足以使众生解脱。惠能祖师如此，释迦牟尼佛亦如此。修者如果缺少了实修实证引发的对实相的直接体悟，就不可能悟道。

所以，禅门祖师为法忘躯者比比皆是，弟子们得法，并能将禅法利益众生，才是对师父最大的感恩和崇敬。

禅修是一条帮助修者洞察宇宙万物实相本质的大道。修者必须在修行中学会认清表面的伪装，穿透表层，直达本心，觉察细微的、无常的实相，最后终能体证到不离人间而清净的大道。这个过程是"至道"，这个结果也是"至道"，这个道还是"至道"。无论我们如何称呼，这都不重要，重要的是去亲身实践。

直接实践的方法，是内观。自出生以来，我们早已习惯一切向外看，向外攀缘，我们对外在的一切都感兴趣，却很少内视自己，检验我们的行为、我们的意识、我们的状态……因此，我们最不了解的是自己，最执著的是自我，最对立的是自他，对于这些实相，我们不仅一无所知，而且毫不在意。我们不了解无明是什么，不知道我们人生的主人是无明，喜欢什么、讨厌什么，遇到什么、承受什么，都是无明在主导，无明对我们造成多大的伤害，竟然没有人感兴趣。

要觉知实相，必须将心中的黑暗驱散，必须洞察自身的本质，才能了解存在的本质。因此，向内观照、自我觉察，是修炼的必经之路。我们这个六尺之躯，可以揭示宇宙，揭示宇宙的生起、寂灭以及走向寂灭之道。整个宇宙及其运作的自然法则，都可以从心中观到，也唯有在自身内部才能体悟。通过"观"，才能"行深般若波罗蜜多时"。

不过，观的作用是中性的，观心的状态清净不清净起到主导作用。心不清净时越观越乱，心清净时，观才能观到因缘的起落、观到无明的生灭。"行深般若波罗蜜多"是观行，起心动念的时候能够时时明白、刻刻清楚，此时就是观行、见深，行深细微到"般若波罗蜜多"了。什么是"观行"的清净呢？即发现意念居然是不来不去、不增不减、不垢不净的，是空灵、清虚的，这种状态就是"般若波罗蜜多"的状态了。

怎样到达这种状态呢？唯有"舍"。

舍掉人为的妄想、杂念。杂念来了，随起随消，不留不住，当舍得越来越空的时候，观照的"照"之功能才能起用无碍，照见五蕴皆空了，无苦亦无乐，无喜亦无悲，"般若波罗蜜多"完美呈现。

坐禅，是为了达到"照见五蕴皆空"，不是为了宁静、舒服、拉筋、练腿。凡有得心，皆非坐禅。

"观"和"照"是同还是别呢？

有人认为观是主观方面的，照是客观方面的；也有人认为观属于般若本体，照是本体的起用。各种说法都不究竟。智者察同，愚者见异。

一切有形有相的，有办法去区别、说出来的修法都是次等法，真正的般若法是理事无碍法界圆融，理即事，事即理，教理和行持是一回事，无同无异。见地透彻的时候，它可以是同，也可以是异。

"五蕴皆空"是什么境界？地、水、火、风、空哪一样也不能妨碍您。五蕴皆空，不是筋骨、气脉、内分泌没有了，没有了人怎么活？大修行人入禅定的时候，气住脉停，这就是"空"，不是死。

《楞严经》里讲修行，从色身、从有为法开始修，"灭从色除"，因为人的一切，脾气、情绪、身体的酸麻肿胀痛，都属于色阴。身体被色阴控制以后，色阴影响受阴，依次想阴、行阴、识阴，"五阴"合起来妨碍您的清净，主宰了您，而您却主宰不了他。

最困住人的是色阴了。观世音菩萨跟舍利弗说：色不异空，空不异色。色法空了，才能空不异色，色法是有为法，空法是无为法。一切宇宙现象、万法都是因空而有，无真空，万有何生呢？菩萨接着又说：色即是空，空即是色。色有二法，空色二法，没什么高低上下，无为和有为也没什么高低上下。

"五心修养"是六根清净法，不是究竟法，修行的目的是发菩提心，发愿将自己修行的能量回向众生，就能进入"不二禅观"修行了。也就是静坐转为真正坐禅的时候。

坐禅的要点是观，心光内聚，观照诸法。"相观相，相化相，法相庄严还我相"，这是一念成佛的捷径。

为什么初修者不能一开始就坐禅呢？这是基于对修者个人的考虑，进入观想法后，可能马上就会和身心潜伏已久的各种魔的集团军会战。可以说先前的修行就是为了取得决定性胜利而做的练兵和演习。兵者，诡也。魔之所以为魔，就是有各种面孔，善的、恶的、可怜的、温情的、令人恐惧的、乱人心志的等，外魔的显现、心魔的游戏、不内不外魔的恐吓，无不随修者一步步功夫智慧的提高而不断变化晋级。

孙子曰："兵者，国之大事，死生之地，存亡之道，不可不察也。故经之以五事，校之以计，而索其情：一曰道，二曰天，三曰地，四曰将，五曰法。道者，令民于上同意，可与之死，可与之生，而不危也；天者，阴阳、寒暑、时制也；地者，远近、险易、广狭、死生也；将者，智、信、仁、勇、严也；法者，曲制、官道、主用也。

"凡此五者，将莫不闻，知之者胜，不知之者不胜。

"故校之以计，而索其情，曰：主孰有道？将孰有能？天地孰得？法令孰行？兵众孰强？士卒孰练？赏罚孰明？吾以此知胜负矣。"

所谓带兵之道，岂异与修道？知天晓地，与众生通，为"得道"；知机变明时效，为"通天"；合地气随缘行，为"彻地"；上下其手，方便万行，为"将领"；能游戏世间，万变不离其宗，为"如法"。

故禅者，实出生入死之将也！明晃晃般若剑痛杀心贼，两刃相交，会意者生。

静，未必一定要坐。静坐，只是静的一种方法。行住坐卧一切可静。

修的过程中怎样才能静呢？先要学会六根不用。比如：眼睛不要到处乱看;耳朵不要到处乱听。尽管外面纷乱嘈杂,初修者先学会少用六根,就好比自己和外界毫不相干,感觉到外面吵闹的声音,却不让这声音走进意识,和听山里面蛙鸣、鸟叫一样,不去思考吵闹的原因,不去辨别谁对谁错,不去分析什么,这样习惯了,意识就逐渐静下来,千万不要刻意地想通过坐达到某个境界。

学会和外界处在两个世界,是脱身法,之后意识宁静了,慢慢会感觉两个世界是能融合的,但在心烦乱的时候首先要学会分开,不可沉陷其中。有的初修者看上去坐在那里,可外面有一点点动静就开始心乱:"这是什么?""谁来了?""是不是在叫我?""他们去干什么?"……其实修的过程中,天王老子叫自己也最好不要搭理。

功课中,除了带您修炼的引导老师,如果其他人喊您,要想:这是电影里的事,是在喊别人,跟自己没有关系。学会不反应,这样习惯了,您就逐渐地能静下来了。

动,是后天的动,先天并没有动,先天始终就是静的,只要学会在修炼时不近人情,不怕别人误解,不担心什么,不害怕漏了什么,一切发生都任它自来去,这时候,逐渐就能走入静门了。

风声、雨声、吵闹声有什么分别?各种声音都在,各种镜像也都在,可对它不反应,就不干扰自己,不反应不是像死人一样,而是不用意识去分别,因为本来一切现成,大自然中各种声音都在,自然的、人为的,都不需要正在修炼的您去听去判断,您只需要集中在引导老师那里,专心功课即是。声音来了,是动相,声音去了,是静相,动静二相都是不住的。

我们从小眼睛就喜欢向外面看,耳朵喜欢向外面听,循声逐色,抓回来喂养自己。真正修养,是眼睛对外视而不见,耳朵充耳不闻,六根都发挥出镜子一样鉴照的功能。见"色"而无"受"无"想"更没有"行",境落心而成为尘,那如果不落呢?内心意识不起分别便是不落,从理上是"色不异空",从修法上叫"见色见空"。

佛经上讲,有一天佛在恒河边打坐,一行做生意的商队用车马驮着货品过河,那个车声和马叫的声音很嘈杂,后来佛出定了,一看地下都是乱七八糟的水,就问弟子们:"怎么回事?"弟子说:"刚才很多车马经过。""噢,我都不知道。"

佛可不是昏沉,也不是睡着,就是《楞严经》上说的"反闻闻自性""入流亡所"。

有人问,自己静坐久了,有灵魂出窍的感觉,或能见各种奇幻的色彩或佛光,这是好事吗?

如非悟道的觉者,所谓"眼"见奇幻的事物,或感觉灵魂出窍皆属于典型的幻觉,属于五十阴魔。

所谓感觉,是色阴、受阴、想阴、行阴、识阴之魔交替出现,故感受因人而异,但各种体验无外乎人生出浮在身体之上、能向下俯瞰的感觉,或感觉被旋涡吸引,像是身处隧道之中旋转,再或感觉见各种异相,或自己的意识能进入自己的身体,就像是进入一个盒子里等。

诸类幻觉只是对抗物理法则,人产生离开或进入身体的错觉。通常情况下,焦虑或抑郁的人,或杂念多者更有可能在静坐时"灵魂出窍"。

我们的大脑意识有自动构建周围空间鸟瞰图的功能。通常情况下,我们都是从自己的角度看待周围的事物,一旦杂念扰乱大脑,意识不能识别各类感官信息时,大脑就会自动为周围空间构建鸟瞰图,来接管我们的感知,形成所谓的"出窍感"。

因为总是颠倒梦想,凡事知其然不知其所以然,知其有不知其万有,迷在二进制的网络上,困在二见的泥潭里,惑于自我的觉受,产生种种妄想,故而不能入静,初修者先学会视而不见,听而不闻,品而不觉,逐渐开始和自己内心对话,逐渐认清什么才是自己,习惯这样思考,初期的入静修炼算是入门了。

人,心本清净,本来时刻能神清气爽,雍雍穆穆,因为有了利益而不再淡定;因为有了恐惧而不再从容;因为有了牵挂而不能随心所欲;因为有了诱惑而逾矩。凡此种种,皆是障道因缘。

时间虽有得时、失时、顺时、逆时之间断,然而,时,无别。生命中,时间的意义在于思考,空间的意义在于独立。

在时间、空间中知时节、晓天命、通万物,见微知著,乃"圣之时者"。

虽生活充满劳绩,但生命却不减诗意地栖居在红尘中,这不就是清净心吗?坐禅,不仅是坐,核心在禅,是无论行住坐卧,修者时刻被禅心带动,春风春雨,夏暑夏凉,秋月秋蝉,冬暖冬寒,无一不感怀在心。

非长袖何以展其姿?非人生何以尽其义?非万行何以骋其情?

雙修

## 十 精进修炼能帮助人提高能量吗？提高能量时人会发光吗

修炼当然能帮助修者提高能量，但不仅仅是能量高的人会发光，一切生物都有光，宇宙万事万物都有其光，只是光显现的程度、处所、境界不一样而已。

宇宙中的黑洞也有光，黑光也是光，人看不见的、不可见的，难道就不是光了吗？您如何定义"光"呢？您自己的境界决定您能见到什么样的光，并能显现出什么样的光。光没有正反、好坏、正邪，但是有能量的人能看到别人身上显现和隐藏着什么性质的光，以及所表达的信息。

比如，您时刻都心系众生，那身上一定有善光，是轻柔的、慈祥的光；如果时刻计较利益，甚至损人利己，那发出来的光会怎样呢？还有，您活力充沛，身上一定有红光；身心分裂，紧张焦虑或者抑郁不安，身上必然是黑、青、灰色的光，所谓死气沉沉。

谁能见到呢？有个报道说：很多流浪狗被人收养，狗贩子不时来这里收这些狗，收走的狗狗们多数被送到餐馆里杀了吃肉。所以狗贩子一来，这些狗狗们就开始狂叫，许多狗开始抽搐、流涎水、犯病，本来好好的狗突然就变成病狗了,等狗贩子一走,狗又恢复正常了。为什么呢?狗贩子身上会发出一种气和光来,狗狗们能看得到、嗅得到,感觉得到这种恶气和死光。

　　这些本能,人本自具足,然而被后天的知识、观念障碍后而变得迟钝了,难以感觉到现象背后的东西,诸根不净,觉力自然失去了敏感。如同一个导体,干扰或杂质太多,质地就不纯了,其传导能力下降,功能钝化。

　　不是修炼后能不能发光,或者能发光就是什么神通,而是谁都会发光,只是光的性质、显现不一样。每一种光都可见,因为您的眼根不清净,所以才不见。

　　身体的光,从最浅表的来说,黑眼圈大,眼睛周围黑黑的一层,是肝脏排毒能力下降;耳朵周围发黑,可能肾气不足等,但这是最浅层的气色、气血,通过光透出来的身体信息。如果脸色发黑、发暗,一定是气往下沉,身心有恙;如果发出粉红色桃花一样的光,表明气血充足。但有些人也红光满面,却是高血压等原因,人情绪发作时、害羞时,脸上也发红光,气往上涌故。这些属于中医的"望闻问切"。

　　光,严格来说是无生无灭的,太阳的光有生灭吗？人的光就是一种能量,也是无生无灭的。光未必全是从太阳中来,北极半年是黑夜的时候,太阳就照不到了,那有没有光呢？有！叫极光。

　　《易经》中说:太极生两仪,两仪生四象,四象生八卦,八八六十四种现象,如此无限地放射。换言之,宇宙有多大,光就有多大,六十四只是一个代码。宇宙是一个循环的圆相,现象是在各种能量转换的过程中显现出来的不同状态。"太极"才是"黑洞",是宇宙的核心能量,《易经》中称之为"太极","仁"是不是可以认为像果仁一样,是生命之心呢?

宇宙中的能量线是"曲线"状,宇宙既然是由矛盾构成的,那么就应该是一个大的矛盾圈套着一个小的矛盾圈,如此无限扩展,它们应该是同心的类椭圆状态。而连接各个圆用的是"双箭头",这也正是中国人所说的"变通"。反者道之动,弱者道之用,两者之间把握好"度",从而找到一个合适出口。曲线的含义是并非只有一条曲线在周期运动,宇宙中可以有无数无量条,这就是虚实之道。

中华文明早就意识到世界有虚实,其中阴消阳长、阳消阴长,阴中有阳、阳中有阴,阴极而返阳、阳极而返阴,阴阳和合乃生万物,阴阳不和而藏万物。九九归一,亢龙有悔,正正得负、负负得正,福兮祸之所依、祸兮福之所伏,水热到极点,便无法再加热,极点之后,便是物极必反。

人们已经知道极光的出现是地球磁场和太阳的高能带电粒子流相互作用的结果,但出现极光现象的实质呢?仅仅是太阳射来的电子和地球磁场相互作用时的物理现象吗?

极光是宇宙电,没有爆炸前,这股电流在哪里?爆炸后又去了哪里?

我们再看看,许多洞穴太阳常年照不进去,里面也有生物,这些生物也发光,这光是从哪里来的?那么海底呢?几千米以下的许多生物自己都发光,这也不是太阳光照的作用,那么这些洞穴中的、深海中的生物光,从何处来?

光是生命的必要条件吗?

难道除了太阳之外地球自己还有能发光的小太阳吗?会不会在地底的地心本身就有光呢?而这种光人看不见,接收不到,现在的科学也探测不到。地底本身就发出热能的,这种热能能不能转化成光呢?

阿弥陀佛,也叫无量光、无量寿,有没有光源呢?有光源的光就有生灭,就有亮和暗,可是没有光源的光有没有生灭呢?无量光、无量寿在人的生命体上有没有展现呢?那就是自性的心光,又叫常寂光。宇宙万物、万象本来就有万光,这些百千万亿种光只是人暂时看不见。

什么人能见这些光?六根清净的修者,眼根清净时,即发"天眼"。注意,天眼不是像二郎神一样,在眉心多出来一只眼,那是神话故事。《维摩诘经》上维摩居士给天眼第一的阿那律尊者讲什么是真正的天眼,居士问尊者,您用天眼所看见的,究竟还有没有相?是不是有作相?您的这个"见"是在"空"里见呢?还是在"有"里见呢?

阿那律尊者一听就蒙了,不知如何作答,维摩居士接着说,假如您天眼有作相的,有境界有光,在这个里面见,您自认为是天眼,其实是外道,外道也有天眼,也有五通,这些都是作相。如果您的眼是不作意、不作相的,那就是无为法了,就证得涅槃。既然涅槃,就是毕竟空,那就不应该有"见"。这就像《金刚经》说的"若见诸相非相,即见如来"。实相的道体一无所见,不会有什么神通在,空怎么见?能见之空,实是有。

所以天眼不是道,天眼也不能见道,如法眼宗三祖永明延寿禅师《宗镜录》上说:"天眼缘色,观此心不可得。"

维摩居士接着说:"有佛世尊,得真天眼,常在三昧,悉见诸佛国,不以二相。"

佛的天眼,是定慧等持的三昧,不须起心动念去看什么东西,但是与所有的万事万物万有是一体不二,不刻意求见而自知。佛身之光即常寂光,是无相之光、是清净光,这又名"大光明定",这个是从"摩诃般若波罗蜜"中出来的。

心、佛、众生,本无分别,您拥有了"摩诃般若波罗蜜"就能发出常寂光,这和普通人身上发出生物光截然不同,常寂光是没有生灭的,生物光是有生灭的,人死了以后生物光就没有了,病时生物光就黯淡了。

常寂光,普通人虽眼不能见,但有一种方便法能找到这种人,因为修持好的人,身上的味道不一样,味道比光容易分辨,会感到他身上的清虚之香,像兰花香一样。

凡人之体无一不臭,因为无论是饮食、呼吸、思想里全是杂的、乱的,表面涂了再多的香水也遮盖不住内在的浊气。但是每个人的浊气又不一样,为什么彼此闻不到?因为鼻根都不清净,被堵住了,修者鼻根清净时,一切都能分辨出来。

我们看有些修行人,一见到人呢,就能感应到这个人的气场,可能有大祸,或者将有大喜等,这不是修行人在算命,而是鼻根、眼根的作用,业力转化的时候,身上的光、味就会转。

所以,香光、香味是能庄严修行的。那身上怎么出来清虚之光、清虚之香呢?那就看您怎么修了。您鼻根没打开,再浓的兰花香您也闻不到,就像感冒的人一样,啥也闻不到。脉解心开,体方出清虚之香,发常寂之光。这不是什么神通,而是人的本来面目,就像婴儿身上的奶香一样,本来就有。

我们思念另一人的时候,通过什么能让那人在地球另一端也能感受到呢?唯有心光的传递。彼此心光相通的时候,互相忆念时刻不忘,形影不离,彼此感应。您跟佛菩萨、众生之间如果常思念的时候,世界上有多少万物万相万有的众生,您的光就有多少个落脚点。

这些能量都不是什么玄虚,而是每位修者精进修行都能契合的能量,一切众生皆有佛性,只是没有契合而已。

普通人为什么喜欢讲道理,而不爱修炼？因为懒惰,因为怕痛,要想治疗懒癌,痛是一味大补药,修行好的人知道痛不一定苦,这取决于我们用什么样的心来回应痛。如果我们和痛相应,痛住下了就变成"痛苦",如果这个痛在体内无住,就是"痛快"。

佛在《四十二章经》里说,我们每一次的呼吸就是生命的一次轮回,每一个轮回当中,我们能不能跟随着自己的呼吸安住于当下？无论是痛还是不痛,能安住当下。安住是源于心中不分别,和自己的一切感受酸麻肿痛和谐相处,用开放的心接纳而不是排斥,苦住了心才会排斥,而接纳是融为一体。

进一步说,人生的一切境遇都会有痛,恋爱失败会痛,事业不顺会痛,经济损失会痛。

"受"在《修行地道经》里翻译为"痛",受即是痛,痛即是受。受痛是因为人想抓取更多,我们常常忽略自己到底是想要幸福,还是想要比别人幸福。

想要比别人更幸福,您的幸福就想要别人看见。当您的幸福别人看不见,得不到别人认可,就失落。幸福本是自己的感觉,个人的幸福感与他人的目光、嘴巴、评价无关。

修炼的时候固然会有痛,身体疼痛是过去没有关注身体的结果,虚心诚恳地向身体臣服、道歉、接纳、欢喜,如果我们立足点错了,就必然成为受苦。

比如说您把生命的立足点放在爱情、事业、欲望、权利等这些无常的东西上,能不痛苦吗? 这就像您在沙滩上盖房子一样,根基不牢,怎么不苦? 所以修行的人会把生命基于利他上,众生不亡,则根基永在。

水,放在一片树叶上,成为露珠,朝露去时无多,太阳一出来,马上就看不见了,如果放在大海里呢? 无论阳光怎么照,也不会干枯。

那是不是朝露看不到了,就不存在了呢? 不是,它换成了另外一种形式。我们的重点是,作为人这种形式,怎么能让人的活力不干涸。所以不能孤立地看问题。什么样的心能感受到什么样的状态,是"痛苦"还是"痛快",全在一念,全在一心。

痛为什么是大补药呢? 实际是一个机,每一个机都有往两面转化的可能。能对您构成障碍,是因为心力不够强大,如果您能增强愿力,则心力必然会强大,那么此时障碍就是助力。当障碍能变化成助力时,能量能不增加吗?

忍辱

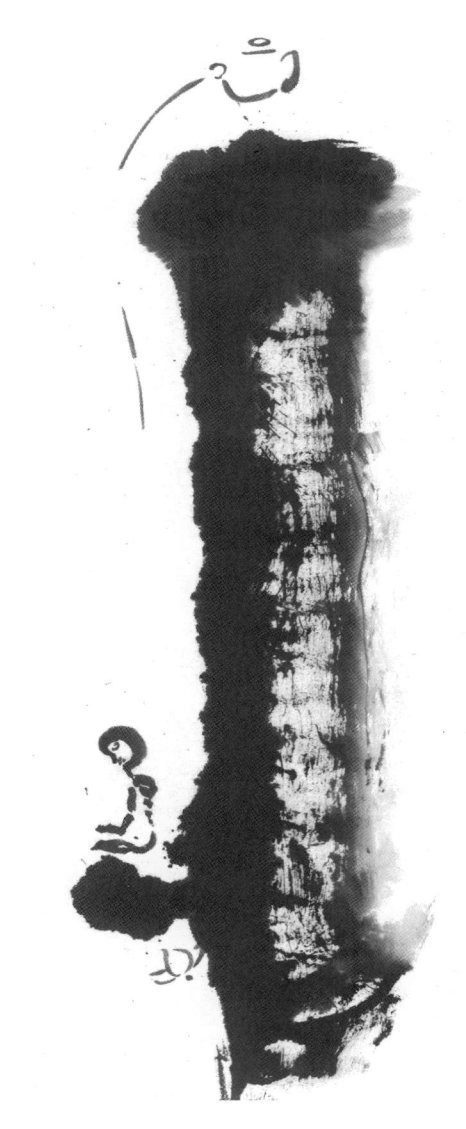

## 十一 六根清净后，还有五蕴、六根否

《心经》里观世音菩萨对舍利弗说："是诸法空相，不生不灭，不垢不净，不增不减。"此即"般若"。

裴休问黄檗禅师："如何不落阶级？"

师云："终日吃饭，未曾咬着一粒米；终日行路，未曾踏着一片地。"这就是"五蕴皆空"。

清净不是诸多感觉没了，是不跟着善、恶之念来去。宇宙时刻在变化，天空中星星、云雨、狂风，这些都在，不存在美的风或恶的雨，香的、臭的，破坏力强的、滋养万物的，脏的、净的，都是现象。

下雪好不好？万物凋零，没有这凋零能有春天的百花齐放吗？什么是"般若"？即包容！"五蕴皆空"不是五蕴没了；"六根清净"不是六根没了，是含摄，是包容。和自己本来面目契合的人，什么都不会妨碍自己。反过来说，不见本来的人，五蕴的觉受就会妨碍自己，就相当于身体被装进一个蜡丸，身体在蜡壳子里出不来，本来面目被包裹起来。从物质来讲，是身体里各种各样的污浊、疾病将人包围；从思想精神上来说，是固执的观念把自己

包着，这样怎么可能自在呢？

蚊子、蝴蝶、蚕蛹怎么脱胎换骨的？都是在原来的壳里蜕变，但是，在壳里时，它们并不知道自己会变成什么样，但敢蜕皮，敢于直面疼痛，而人为什么不敢把自己蜡丸一样的执著妄想脱去呢？因为在蜡丸里感觉很"安全""舒服"，得过且过。

万物中，最不懂知止的是人，为什么我们从禅意调息开始进入禅修呢？《修行道地经》讲过"止息"。"止息"是逐渐空五蕴的过程。

不过这里的"五蕴"不是译为"色、受、想、行、识"，而是"色、痛、想、行、识"，"受"，翻译为痛。实际上，"受"，一定都是痛的。一切的"受"，无论是喜乐舒痒、酸麻肿胀全都是痛的，只是普通人后知后觉，不理解"受"。受的一切反应力，最激烈的反应是痛，最轻度的反应就是痒。

痛是传递一种身体的"消息"，"消息"一词来源于《易经》，凡阳爻去而阴爻来称为"消"；阴爻去而阳爻来称"息"。"消"和"息"相对。

宇宙之理，概谓之用。用之道，莫外乎光，"光"为宇宙之"消息"，得消息之人，便是有灵光的。《易》曰："日中则昃，月盈则食，天地盈虚，与时消息，而况乎人乎！"天道周而复始，循环往复，得道之人谓之率天命而行的圣人。这些人的责任是什么呢？《周易·系辞上》云："易有圣人之道四焉：以言者尚其辞，以动者尚其变，以制器者尚其象，以卜筮者尚其占。"即，圣人得宇宙消息后，体现察言、观变、制器、占卜四方面，简称为"辞、变、象、占"，综合反映了圣人对"道之变化，神之所为"的应用。

"消"，是知止，即宇宙生命不能一味动，动和静是此消彼长的过程。那么我们生活中一切的思想思量、行动语言都是在"消"，从物理的角度讲，就是放射性耗散。

"息"是有两面性的。"息"中修养，是反思，是止息，是雪藏，在这些过程中参悟、品味、调整、补充，这就是生命中的留白，缺乏了这种"息"，生命体陷于"消"，便"消亡"了。

为什么一天24小时不都是白天呢？小孩子心里不住事情，晚上睡觉是修养，睡眠中长个子，在修复疲劳；可成年人，白天杂念多，住在心里的事情太多，睡着了也常心神不宁，"息"就没有了修养的作用，成为日夜在"消"，故而迅速衰老、衰退，僵硬、僵化。

千万不要把"息"，理解为一呼一吸的"吸"。呼吸法是在鼻子上做功夫，呼吸法涉及不到全身的毛孔、皮肤，还有身体的九窍：两只眼睛，两只鼻孔，两个耳朵，一张嘴，大、小便出入孔，以及和生命体成长相关的精神内容。

"息"就是"五心"中的"地转水，水转火，火转风，风转空，空转生命"中"转"的力量，是一生一死的交替。转的力量越充分，即离"真息"状态越近。

调息的重点在修出养入。出比入重要，出不净则入不全，出净则内空，"空"比"有"能量大。

观世音菩萨跟舍利弗讲："无眼耳鼻舌身意。"是六根没了吗？又说："无色声香味触法。"既无六根，何来六尘？六根、六尘不妨碍您了，叫"息"。"无"不是物理上的没有，是不妨碍您了。能妨碍的才是"尘"。

修五心也好，"中国禅"各种修养法也好，各种修法无论表面多么不同，目的只有一个，即息妄心。可如果您执著在太极、坐禅、五心、行禅等修法里，那就又是妄心了。

生、死就是从一个状态到另外一个状态的转换。蚊子、蝴蝶、蚕蛹在未蜕皮前不知道自己的另外一个状态是什么，就像在醒的时候不知梦，梦的时候不知醒，各种状态看似无涉，其实呢？能分吗？

每个人都被这一个个状态迷惑了。"般若"就是知一切时，知一切法，一切了了分明，真正远离颠倒梦想，"涅槃"不是去往西方世界享福了，而是就在当下，究竟解脱了。

《华严经》云："若人欲识佛境界，当净其意如虚空。"六根清净，心，才是生命的主人，才能真正地发现和感受一切事物，才能带动着我们的生命体去往最终的方向，没心的时候，只能是被六根玩耍的宠物。

佛在三藏十二部里，做了十个比喻在说人的感觉。分别是梦、幻、空华、泡、影、水月、露、电、芭蕉、阳焰。

例如梦，有没有？当然有，睡觉了就有可能做梦了，梦是实有的，实有的就真实吗？梦在哪里呢？

再说露水，露水有没有呢？清晨草上花上都有，可是阳光一出来就没了，露水去哪儿了呢？水里的泡呢？也是一样。

这些比喻说的是一回事，比喻的都是色相。《圆觉经》云："居一切时不起妄念，于诸妄心亦不息灭。住妄想境不加了知，于无了知不辨真实。"

惠能祖师说"本来无一物，何处惹尘埃"，妄想也好，杂念也罢，都像秋风中的落叶一样，扫是扫不完的。秋风吹落叶掉下来就掉下来呗，落叶自然会腐败，变成营养去滋养大树。杂念、妄想和树叶一样，不是要去灭除它，也灭除不了，而是知道它本性空，所以才叫妄念。而生出妄念、杂念的那个心，是不生不死、不来不去、不垢不净、不增不减的，心根本就没有动过。

心念是辆汽车,您想去追的时候,早就跑了,何必去追呢?两条腿跑得过四个轮子吗?《永嘉证道歌》里说:"真不立。妄本空。有无俱遣不空空。"

清净里面是包容了污垢的,所谓的内观、调息,修法就是为了修者能够和宇宙万物一切共荣、共生、共通、共享、共存,并不是为了灭掉什么,再去另立一个"清净"或"净土"或"天堂"出来。

闲
　關

# 十二 什么是顺逆

我们都知天在上、地在下，可在《易》中，天上地下却表示天地闭塞的"否卦"，天下地上才是大吉大利天地交通的"泰卦"。

中国传统思想中，向来认为天地的法则就是否极泰来，福祸相依，失意时勿颓废，得意时勿忘本。"否"和"泰"都是《易经》中的卦名，乾为天，坤为地。"天地'否'"，天（乾）在上、地（坤）在下为否卦；"地天'泰'"，地在上、天在下为泰卦。普通人不理解，因为这些道理与我们的常识相反。

"泰卦"爻辞所说的"无平不陂，无往不复"，这是宇宙规律，做人做事、家庭生活何尝不是如此？曾子说"言悖而出者，亦悖而入""货悖而入者，亦悖而出"，亦是同理。

我们一定要理解为什么天在上、地在下这个"否卦"的卦象不好，地在上、天在下本应该是反常现象。因为世间万物皆由天地相交而生，地气上为云，天气下为雨，天在上、地在下为天地相互隔离，而地在上、天在下则为"天地交泰"。我们看故宫有个交泰殿，取"天地交合、康泰美满"之意，是皇上和后妃的起居处。

此外我们从另一个"水火'既济'"的卦象看：水在上、火在下，水下有火是水与火充分相交。与此相对的是"火水'未济'"，未济的卦象是火在上、水在下，火下有水是水火没有相交。

《易经》中，表"相交"的还有一个"谦"卦，即"地山'谦'"，卦象也是反常的。地在上、山在下，地下有山是相交，本来应该高高在上的大山藏在地底为交。和谦卦相对的"覆卦"是"山地'剥'"，卦象是山在上、地在下。

"爻"者，交也。天地相交，水火相交，阴阳相交，中国古人认为相交是吉，不交是凶。地球上最适合人类生存的地方是哪里？是阴阳充分相交的地方，即温带。南极和北极半年白昼、半年黑夜，所以阴阳是绝离的。热带长夏，寒带常冬，没有四季，阴阳也是不交替的。

所以，人类文明起源于温带，最发达的地区在温带，人类居住最集中的地区也在温带，即交泰之地。皇帝封禅要去泰山，为什么？天地交。

那么相交为什么都是普通人难以理解的反常现象？地上天下、地上山下、水上火下，相交为顺，顺和逆，究竟谁顺？谁逆？结果顺为顺还是现象顺为顺？

从社会的角度看，天地交泰、水火既济是指人与人、人与自然、人与万物的沟通，相交即相应，充分地沟通、交流、理解、互补为相交。反之，必走向极端。

"交"的动力是什么？《周易》乾卦曰"天行健，君子以自强不息。"坤卦曰"地势坤，君子以厚德载物。"君子应该像宇宙万物一样运行不息，无住于贫困、荣誉、误解、得意的各种人生状态，天之道，刚柔相济，变化多端，君子必一路向上，不停滞生命的成长。同时胸怀要像大地一样，没有任何东西不能承载,宽厚、仁爱,能孕育万物,又有千姿百态,高山峡谷、平原江湖,一切美好和丑恶都是能承载。

天之道,阴阳相推变化而"行",就是宇宙万物运动的原力,是源源不断的动能,宇宙间能量和物质最大的互相关系,就在于变化的动力。"动"有五种能,分别为金、木、水、火、土。不过,这也和卦一样,只是种符号,代表某种内在含义。

"金"不是黄金,"水"不是可以喝的水,五行不是五种物质。

凡是坚固、凝固的都是"金";生长力、生发的生命功能代表"木";流动性代表"水";热能代表"火";中和能量代表"土",五行交互变化、互相影响的变化力,名叫"生""克"。

"生""克"就是《易经》里的"综卦",即宇宙间正反两个力量是同时存在的,有生必有克,老子说祸福相依,正与反,是与非,成与败,利与害,善与恶,一切都是相对的,相生相克。

姜太公的《阴符经》里说"恩生于害,害生于恩",什么是恩?什么是害?恩和害之间的变化动力是什么?恩是顺吗?为什么会变成害?没有智慧的恩便是害,为了促进您成长的害便是恩。

譬如"天将降大任于斯人也,必先苦其心志、劳其筋骨、饿其体肤、空乏其心,行拂乱其所为",好像是逼得人无路可走,天这么害人,却能使人"困于心、衡于虑、而后作;征于色、发于声、而后喻",最后"动心忍性,曾益其所不能",这本是天之恩,恩与害,没有泾渭,故曰"恩生于害"。再譬如世间男欢女爱,魂牵梦绕,牵肠挂肚,便似天底下最大的真情了,但世事无常,转眼爱成云烟,那彻骨的痛从哪里来的?纠心的恨从哪里来?皆从占有欲来。什么是恩？什么是害？什么是正？什么是逆？"不应有恨,何事长向别时圆!"

有智慧便能化一切为顺,否则一切皆为害。

北宋时期的哲学家、易学家邵雍,有内圣外王之誉,去世后谥号康节,先后被宋仁宗及神宗召请入宫授高官,皆不赴。自创"先天学",以为万物皆由"太极"演化而成。司马光、富弼、张载和程颐、程颢等大儒在他面前也甚为恭敬。

邵雍师从李之才时,李先生尚只是个县令,他听说邵雍好学,便主动去见他,说:"子亦闻物理性命之学乎?"意即"你知道宇宙万物周期发展过程的'物理'之学和有关性命的学问吗"？邵雍老实地回答:"不知,幸受教。"这样邵雍就拜李之才为师,集中学习《河图》《洛书》,伏羲氏八卦六十四卦图像。

邵雍在学习过程中,能举一反三,学前知后,深入其中深奥的内涵。往往夜半如有神助一般地发启妙悟,研习这些经典的时间越久,他越明白了天地运动变化的规律、阴阳消长的规律、世道变迁的规律,甚至对微小的走、飞行类动物和草本、木本植物的特性也了然于胸。他的见解早就超越了老师,被当时世人认为已达到不惑的程度。邵雍自悟到了伏羲八卦中自带的先天因素,并因此写下数十万言的著作流传于世,如《观物篇》《先天图》《伊川击壤集》《皇极经世》等。

可惜的是这样的天之骄子,却只知理不知修,一年到头都生着大病,怕风、怕雨、怕冷、怕热。夏天外出,马车外面还要张挂幔帐,还要戴帽子,不是阳光明媚的好天气不敢出门,这是为什么？只有理没有修而用脑过度,只有"消"没有"息"。所以尽管历史上他的传记列为高士,又上知天文下知地理,如何呢？一点也不自在。

我们看"中国禅"祖师们,这群大丈夫个个多自在？砍头也好,饮酒也罢,端的是逍遥人生,智慧如不从定力修出来,就是害,必折寿损命。有人说虚云和尚也是多病啊！这如何能比？虚老一百一十多岁时手提重物登山,如履平地,一坐禅入定就是若干天,理学家们缺的就是这个。手无缚鸡之力的人,智慧会压住自己。

《老子》云"有无相生,难易相成",又云"反者道之动",越有智慧的人越应该修行,越修行的人也会越有智慧。定慧不等持,结果以世俗之顺为逆,定慧如何等持？修法以世俗的逆为顺。

顺逆本是方便说,因人、因地、因境、因机、因缘、因业、因果而时刻转化着。

如《素问·阴阳应象大论》云:"天不足西北,故西北方阴也,而人右耳目不如左明也。地不满东南,故东南方阳也,而人左手足不如右强也。帝曰:何以然？岐伯曰:东方阳也,阳者其精并于上,并于上则上明而下虚,故使耳目聪明而手足不便也。西方阴也,阴者其精并于下,并于下则下盛而上虚,故其耳目不聪明而手足便也。故俱感于邪,其在上则右甚,在下则左甚,此天地阴阳所不能全也,故邪居之。"

中国人喜坐北朝南,讲究左侧靠东,源自"阳者其精并于上";右侧靠西,出于"阴者其精并于下",故左耳左目获得精气大于右耳右目,"人右耳目不如左明也",右手足获得精气大于左手足,故"人左手足不如右强也",这便是世间的顺,而修炼时则反之,更多集中在精气不足之处修,在天不满、地不足之缺憾处起修,更易成就,此修炼时与世间法逆便是顺。

再如,《易》中以温度最高的为南,最低的为北,升温多于降温的为东,降温多于升温的为西。故热方定为南,冷处定为北,东方早于西方升温,人秉天地之气生,四时之法成,与自然息息相通,人本是自然的全息产物,也是自然的缩影,这是顺。

然而,人与自然万物的相互影响,以距离越近则影响越大。不过距离不代表物理距离,有时候,物理距离越近,却影响越小,这是逆。

同理,系统与系统间的相互影响,以系统越大则影响越大,系统也不代表有形系统。如人在地球上生存,应是地球对人的影响最大,地球处于太阳系中,太阳是太阳系的中心,也是最高温区,属南,星球是宇宙的基本单位,而细胞则是体内的基本单位,人在宇宙、星系里微不足道,以太阳为中心,这是顺。而以人之心为太阳,以人为本,则反之。

大修行者融于宇宙万物,一切唯心造,一心一念皆可影响宇宙万物,心便是太阳,心死则万物无存,故天人合一,这是顺逆无别。

智有余,愚有执。

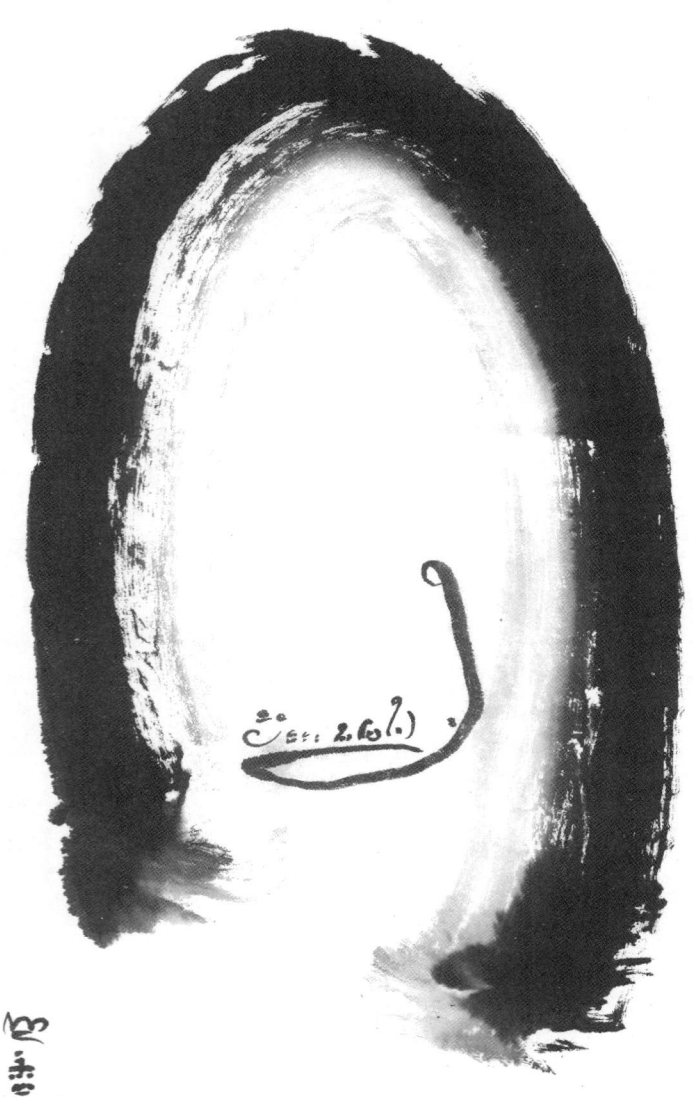

慈悲

# 十三 什么是无碍

物理学家海森堡曾问:"如果构成原子的不是实在的存在,为什么原子是实在的存在?"

什么是物？东方智慧认为只是本质的外在动态联系和表象。

什么是时、空？这只是人依赖事件顺序认识世界造成的错觉。

周文王被囚羑里时曾经演易,周公曾经为《易经》六十四卦撰写爻辞。炎帝、皇帝、尧、舜、禹几代圣人先后依据《易经》中有关卦象发明网、船只、房屋、城市、集市贸易等,中华文明由此繁衍。

中国古人对于"物"的理解,向来和西方不同,形而上谓之道,形而下谓之器,器物是道之用,明道者制器物是术。道术之用,为文化。文化的要素却知易行难,一部《易经》是中华文明之祖,无论在思想、哲学、文化等方面都是汉文明的活水源头。不"演易",只知《易》之理,不知《易》之用。

可惜的是,演易方法不是文字可以记载的,是唯有实修实践来体悟的,否则终不知《易》的宏博深奥与微细缜密之间的曲通。

汉代独尊儒家,然而儒家却无新意。后世儒生们以孔子未谈象数,只谈易理,也就只谈易理,不谈象数。却不知孔子如自己不实践象数,又怎么能演易,若不演易,又怎能推出天地乾坤?

到了朱熹,在《易经》中附上了蓍草筮法。从原来繁杂的蓍草筮法到简化为三枚铜钱,神谋鬼谋大盛,忽略了宇宙万物有偶然性也有必然性,有因果性更有随机性。这些后来的附会,不经演易而出,已失《易》的本来方法。后世以道家为代表的易学为象数派,其主要实践于性命修炼。以江湖派为代表的易学为术数派,其主要用于占卜,八字推命、紫微斗数,并以此糊口谋生。

什么叫"演易"?

就是禅门的实修,一个人有了《易》的基础后,要做五件事:推演宇宙的生成及结局;推演时空的生成和关系;推演人类的生、化及未来;推演文明的盛衰;推演万物万事万有变化关系。

这是易家宗师必做的五件事,一件都不能少,并且必须自己或自己指导弟子动手。这个推演过程的体悟至关重要,事关是否真的能体悟宇宙、万物、时空、人类、文明的生灭变化,从而"以文化之"。

凡跳过这个过程,就沦为口头之术,推不开时空之门,走不进万物之心,不理解文明为什么兴盛、为什么衰败。所谓知其然不知其所以然是也。不知道根本的人,不会产生究竟智,您怎知风起何时,又能够脱身物外呢?

不亲手演易,不亲身实修实践,释迦牟尼佛的佛法也就"缘起性空"四个毫无生命力的文字。怎么进入实践呢?由体致用是门,由用入体也是门,八万四千都是门。

要想理解时空,可以从六十四卦方圆图看看古人是怎么将多维时空映射在平面图表上的。这种对应叫映射,例如,知道每一年的时间是干巴巴的知识,然而从六十甲子采用干支纪年法推演,就比西元纪年法立体多了。

比如2017年,用干支纪年法,是丁酉年,天干数是丁,地支数是酉,丁为火,酉为金,火属南,金属西,丁酉整体的纳音是山下火。山下火为六十甲子纳音之一,对应丙申、丁酉年,对应的生肖是红猴和红鸡。申为地户,酉为日入之门,日至此时而无光亮,故曰山下火。中国人的这种比喻简直是一个动态全息图。每一年看起来是一个立体图形,本质是一个历史全息多维时空交织互演的映射。

中国古人以方圆图映射多维时空,圆形是流动的时间,循环往复,为一圆相;方形为定位的空间。时不配位,等于无时;时间的维度和空间对等时,时空发生作用。然而空间是离散的,时间也是离散的。

现代的量子物理已经接近真相,即宇宙万物的整体不可分割性。

没有什么"实物"是独立存在的,无论大小,有形无形,"物"和"行"是万有之间向外扩展达到其他事物的联系关系。

"物"的独立和相对独立,显示了宇宙万物不可分割的整体性和因缘和合中隐含的秩序。宇宙万物通过相互依赖而获得自己的存在和性质,它本身脱离依赖便荡然无存,释迦牟尼佛说"缘起性空"即宇宙万物不存在绝对固有的自身属性。

若想真正理解时空的关系,需要演易、实修、实践和实证,这样产生的体悟才是自己真正的心得,物质和能量如何互相转化?不同物质之间如何相互转化？空间和时间如何互相影响？

"无碍"不是道理，而是修者需要自身体悟过程中突破的局限。

運氣

## 十四 什么是禅意调息

根据佛经里记载,婆罗门教鼓励修苦行。修苦行首先要绝食,并且要能耐风雨、雷电、寒暑、毒虫,要像动物一样睡在野地里,并且尽量保持持续地站立或者持续地打坐,不能一会儿站一会儿坐,要忍受各种各样的外界侵害和身心的苦痛。

在饮食方面,一天只能吃一点点东西,一个果子、一些花草等,吃的东西必须是生的:草、花、树叶这些没有人为加工的自然食物,生的米糠、水草,甚至腐烂的东西。每隔三天以上,就必须绝食一天。

在穿的方面,也一定是粗布、衲衣,或者树皮、兽皮;还得拔去自己的头发等,这是剃发的最早缘由,身体上面涂上油,用尘土或泥土洗澡,并且经常用粗木、石块击打皮肤,还有用刀刺身体,等等。

这是婆罗门教苦行僧的初期修行。

熬过了第一阶段的苦行,就要开始练习止息。婆罗门教认为,禅定的关键就是呼吸越来越少,直到没有。所以,止息是苦行的最高阶段。至今还有一些瑜伽士,口鼻呼吸可以完全断灭,将身体埋入地下也能不死。

为什么"止息"是苦行的最高阶段呢？因为停止口鼻呼吸的时候，身体里面的气必须要有出口，哪怕修到每分钟只呼吸三到四次的人，也必须要有出口。那些特别强调苦行的人，怎么来调理呢？是通过人为地增加脑压，将身体的气运出去，有的人运气通过耳朵冲出去，会感觉耳膜撕裂般的疼痛；有些人则运气从大脑，就是头顶百会穴那个地方冲出去，这时候能感觉到头顶上有一把刀在捅，所以叫"破瓦法"；还有个通道是从肚脐运气出去，会感觉好像有人拿了把滚烫的炭火一般的尖木把肚脐破开。苦修者要忍受这种普通人闻所未闻、根本无法想象的痛苦，就为了进入禅定。婆罗门修行人认为不破除世间的呼吸，如何进入禅定？

真是这样吗？释迦牟尼佛经过六年的苦行后，受尽万般苦，日食一粟，他发现苦行带给身体的苦痛除了把脑压增高，瘦成皮包骨外，不会激发什么玄妙思想，这种苦修法，对悟道是没有好处的。

所以他从深山里走出来，悟道后推出安那般那法调息，"中国禅"祖师经过了一些改变，变成了"禅意调息法"。比如说天台宗有六小妙门，通过数息、相随、止、观、还、净这六妙门来调息。

日本禅有"内观呼吸法"，我们从日本江户时代中期的著名禅僧白隐禅师的经历中可以得到许多启发。

白隐禅师十二岁就读《心经》《金刚经》，十四岁在乡里的松荫寺出家，一直很精进地跟着自己的师父认真修行。刚出家时的法名叫"慧鹤"。

但没过两年，有一次，他看到德山宣鉴禅师之法嗣岩头全奯禅师圆寂的经历就开始疑虑顿生。岩头全奯禅师是唐末的大禅师，与雪峰义存、钦山文邃禅师等是挚友，在师父德山处悟道后，全奯禅师在鄂州岩头住山弘法。不久赶上唐武宗毁法灭佛，全豁禅师就在湖边摆渡接引学人。毁法风潮过后，全豁禅师来到洞庭卧龙山结庵示众，一时徒侣臻萃。全豁禅师告诉弟子说："老汉去时，大吼一声了去！"

唐光启之后，中原盗寇蜂起，弟子们皆外逃避难，而全豁禅师却如常端居。光启三年四月初八，群贼蜂拥而至，他们逼全豁禅师给他们供馈，禅师没有，于是众人挥剑相刺。全豁禅师神情自若，待至头落地时，大吼一声，其吼声传遍数十里地。

这段经历令小慧鹤疑惑：岩头禅师这样的大修行者、悟道者都被人砍了头，每天打坐、读经、修行，有什么用？

所以，从十六岁开始，他转而投入文学创作中，变成了个吟诗作画的文雅人。

虽然他文采斐然，却屡被师父教训，师父说："您那么有天赋，却荒废时光，不好好修行，写这些锦绣文章有什么用呢？"但是慧鹤根本不听师父的。就这么过了几年，自命不凡的他和师父之间产生了巨大的矛盾。

如果他继续这样下去，可能会成为日本历史上一位著名的文学家，就不会成为后来中兴临济宗的白隐禅师。所幸，终于有一天，他突然感觉到什么，在藏经阁里来回踱步，随手拿到一本中国明代袾宏所编纂的《禅关策进》，随手翻开一页，看到的是"慈明引锥自刺"。

慈明是谁？就是石霜楚圆禅师，慈明是他的号。石霜楚圆是宋代禅门祖师，是汾阳善昭禅师之法嗣，他当年面师时，汾阳禅师一见，即知其大器根利，但并没有当下表现出来，有两年多的时间对他极其冷淡。史载"每见必骂垢，或诋毁诸方，及有所训，皆流俗鄙事"。

也就是天天骂了还不够,凡有所训导皆讲些流俗鄙事,除此之外,慈明还被要求终日苦修打坐,慈明在打坐时有时昏沉,便引锥自刺。经曰:"慈明、谷泉、琅琊三人,结伴参汾阳。时河东苦寒,众生惮之。慈明志在于道,晓夕不忘,夜坐欲睡,引锥自刺。后嗣汾阳,道风大振。号'西河狮子'。"

一日,慈明见师父,有点委屈地说:"自至法席,已再夏,不蒙指示,但增世俗尘劳念。岁月飘忽,己事不明,失出家之利……"话未说完即遭喝骂,不仅骂,师父还怒举杖逐之。慈明正欲开口,谁知汾阳禅师急掩其口,慈明于此豁然开悟,叹曰:"是知临济道出常情。"

汾阳禅师巧妙利用两年多"不愤不启"的接引手段,磨炼其性情、考验其器量,待机缘成熟,使其幡然而悟。对非常人施以非常手段,这正是汾阳禅师的高明处。

慧鹤读到这里,心中开始忏悔:慈明这样的大禅师,被师父羞辱两年而不怨,如此下苦功夫,策励精进,反躬自身,自己实在太差了呀!于是他就把这本书一生带在身边。这一年,他十九岁。

自此,他回归到禅的修行法来如法修行,不再摆弄风花雪月的诗文了。在越后高田的英岩寺里,他废寝忘食地精进参禅。

一次,他闭关到第七天凌晨三点多时,听到寺院传来的钟声,而豁然"开悟",当下不假思索地大叫:"岩头和尚依然健在!"

积存在心中近十年的疑惑顿时感觉烟消云散了,接着他又补了一句:"三百年来未有如我一般痛快的了悟者了!"这样的口气哪里像个真正的悟道者?这一年,他二十四岁。

他找师父印可,师父不理他。然而,他在一次偶然的机缘下见到了住持正受庵的正受老人。

慧鹤初见正受老人时,急于言说自己悟道的经历,请正受老人印可。正受老人毫不客气地说:"这简直是一堆狗屁不通的东西!"

慧鹤遂留在老人身边修习。老人安排他每天干各种杂活,挨打挨骂,扫厕所,托钵行乞,总之,无论他做什么都不对,怎么说都不对。

正受老人功夫好啊!一拳就能把白隐打出老远,有时候把他当胸抓起丢到门口。老人形容慧鹤是"洞穴中的死禅僧"。

就这样过了七八个月。

有一天,慧鹤精神恍惚地外出乞食,遇到的屋主是位老婆婆。老婆婆那天心情不好,拒绝供养,可是慧鹤当时精神恍惚,也没听见婆婆说什么,被人拒绝后依然呆立门口。老婆婆是个暴脾气,拿起扫帚劈头盖脑地猛打慧鹤:"快滚!"慧鹤当场便被打晕在门口。

等到他在冰冷的地上醒来时,一睁眼,瞬间,什么都明白了,身心轻松无比。

他从地上站起来,连蹦带跳地就回到了正受庵。正受老人正在给其他弟子讲法,一抬头看到慧鹤,老人欢喜地从座位上站起,哈哈大笑:"了不起,了不起,汝已彻悟。"终于给他印可了。这一年,他二十五岁。

之后,正受老人把衣钵传给了他,并嘱咐道,悟道以后的修行更重要,禅者悟道以前主要是为了悟道,而悟道以后的修行,是为了保任。

不久,他幼时的恩师生病了,他便辞别正受老人回家乡照顾师父。回去后他一边照顾师父,一边按照正受老人所教授的方法刻苦修行。

每天照顾病人、端屎端尿、擦洗身子、洗衣做饭等都是他一人,再加上每天几乎不睡觉，很认真地读书、打坐，他逐渐得了肺结核，身体完全不行了，他自己知道，可能不久于人世了。针灸、药物等其他方法都治不了他了，连路都走不了了，怎么办呢？其实，在虚云老和尚的年谱里，也曾看到虚老也是几次几乎命丧黄泉。

正在慧鹤万般无奈之际，有位师兄告诉他，白河善有位白幽老人精通医学、天文、禅医等，没准儿还有一救。

当慧鹤千辛万苦找到了白幽老人时，老人一看他，叹气说："哎呀，您这是禅病，源于修行失节。怎么办呢？只有教您调息法，或可有救。"

于是他便留在山里跟随老人修炼了三年。三年以后百病全消，精力充沛，之后一直到八十四岁圆寂时，都再也没有生过病。为了感恩白幽老人，康复后慧鹤更名"白隐"。

白隐禅师在日本是临济宗推广调息的第一人，此法又叫"内观呼吸法"。可见，如法修行有多么重要。

后来白隐禅师住持松荫寺四十年，说法不辍，禅风霹雳。其时松荫寺破砖残瓦，内部狭窄，寺里几乎住不了人，弟子们就在附近找旧屋、茅舍、废室过夜；每天清晨两点起身，步行入寺早课。风餐露宿，忍饥受冻，却少有人思离去。这样坚持修行的人，少则十几年，多则二三十年，生活清苦不算，还几乎天天被白隐禅师厉骂，拳头棒打也是家常便饭。日本其他修行人来到松荫寺，见寺内禅者禅风高古，见者无不汗颜，后便传日本全境，闻者惊讶，不解这破地有何可留恋。

凡夫岂知因为禅师于此讲《临济录》《碧岩录》《赵州录》《禅门宝训》，七十岁后又开讲《宝镜三昧》，弟子们一心求法，勇猛精进，谁也不舍离开。然而，不少人终因寒冷潮湿，长期营养不良而得了禅病，故白隐禅师便将从白幽老人处得来的禅意调息法传授给大家。

注意，这种禅意调息法日文名"内观禅法"，和南传部"内观禅法"不同。后来弟子们的身体大大改善，于是几乎无人再病。

"中国禅"的禅意调息法，和天台宗的六妙门、日本的内观呼吸法、南传部的"内观禅法"都有所区别，我们以后会专门引导大家修炼。

什么是调息呢？首先要搞清楚，调息并不是全部用屏息来完成的，也不是说不能屏息。我们前面讲的苦行里那种叫"止息"，通过止息法慢慢让人进入禅定状态，这是特别痛苦的，一般人想象不到那种撕裂般的疼痛。

是不是进入禅定或者使呼吸缓慢一定要通过"止息"呢？后来修行人证明不一定。

人为提高脑压，如果一旦控制不好，可能对身体造成很大伤害。之所以明知危险还是这么做，因为婆罗门教固执地认为：身体上越痛苦才能让人的精神越清晰、越集中。为了达到精神的集中，必须让身体投入烈火般的熔炉中。这就是典型的二见。

我们可以看到，一般人在情绪发作的时候，比如说焦虑、生气、嫉妒时，或者身体不好、各种各样的杂念多的时候，呼吸首先就会发生改变，暴躁或嫉妒心强的人，呼吸就会变得急促。

这时候，胸腔和脑部的压力随之会变化，让身体处在一个极不平衡的状态，此时吸入肺、血管的空气也同时变弱。该吐出去的气没有吐尽，该吸进来的气也没有吸完整。为什么？就是因为压力变化了，情绪心理上的困扰造成了生理上的改变。

从医学上来说，回流心脏的静脉血，还有呼吸频率全部被扰乱了，全身的血液循环系统也都紊乱了，这种情况下，身体是不可能好的，心也不可能宁静下来，所以通过调息，初步可以令呼吸平稳。

如果呼吸不平稳，那么身体里的血液会发生改变，包括胃肠功能也会发生改变，出现腹压增高、便秘、痔疮、头晕、胸闷、抑郁、血压高等疾病，这些的源头都在气息上，气息是百病之源，没有调好会导致全身反应。

目前学养生的人大都在关心吃什么补药，大家都忘了古中医冬季给人吃膏方前多数会先开三天泻药完全排除废物，当然排除废物并不是光通大便就好了，废物是积累在各组织、脏腑、肠道里的垃圾。

肺与大肠相表里，肺气主肃降。当空气进入肺时，横膈膜也下降，此时会挤压肝脏，迫使肝脏排出血液进入大肠，因此而产生推进力。心移热于小肠，小肠受热后才可消化食物，残渣及水进入大肠，因大肠在小肠的上方，故大肠中的水受小肠之热而生气化，此气化之汽再返回肺，而生口水。又脾主腹，主津液，思伤脾，一旦思虑过度，脾必受损，则影响小肠的吸收也影响大便。再有，肾气不足的人，也会便秘。

由此可知，仅仅一个便秘的症状，就和五藏六腑皆有关，不仅只是肠道问题。如果由于无知，摄入过多的营养而无法排出或燥矢产生的沼气，都会影响新陈代谢而引发各种疾病。

《内经》中说脾胃受寒，肠中有热以及肾病都会引起排便不畅，如《素问·厥论篇》曰："太阴之厥，则腹满䐜胀，后不利。"《素问·举痛论篇》曰："热气留于小肠，肠中痛，瘅热焦渴，则坚干不得出，故痛而闭不通矣。"《灵枢·邪气脏腑病形》曰："肾脉微急，为不得前后。"

至张仲景时已有了较全面的认识，提出了寒、热、虚、实不同的发病机制，设立了承气汤的苦寒泻下、麻子仁丸的养阴润下、厚朴三物汤的理气通下，以及蜜煎导诸法，这和西医学中的便秘概念区别甚大。

中国古人对待身体、疾病，都是一个统一的观点，不能通过症状切割病名。比如说这个人胃肠紊乱，肚子里经常胀气鼓气，可能和情绪极度紧张有关，这种病，佛医称为"怒实"。

而西医绝对不会从情绪、心理、气息来思考治疗疾病，只是头痛医头、脚痛医脚。禅门也有医法，下手点就是调息，"五心修养"里，每一个环节都十分注重修者的气息平稳；但有的时候，会要求修者从五秒钟长开始屏息。

屏息不是止息，屏息是暂时停止吸入，目的是让吸入的空气更深层地进入组织细胞里去，然后，增加压力帮助您吐尽。这种人为、安全、有效、可控制的屏息法是帮助身体调节压力的。有些人不懂，自己回家乱屏息，可能会产生一些像止息一样的不良后果。

呼吸和思维是相辅相成的。我们所有的养分从哪儿来？最重要的渠道就是气体交换，生命每时每刻从外界吸取氧气，如果呼吸没有调平稳，单纯地想让思维清晰、杂念减少、身体健康、阴阳平衡、气血顺畅，这是不可能的。

人类社会，科学技术、科技文明在不断地发展，创造了丰富的物质世界、商业社会，但正因为商业社会和物质世界不断的方便、安逸，人类的手脚、四肢、内脏活动能力急剧下降，不成比例地急剧退化。现在人，除了常运动和平时修炼的人之外，大部分人的运动能力和古人比都大大地退步了。四肢肌肉、骨骼还有脏腑的功能退化表现出来的现象，就是呼吸越来越浅。

血怎样可以回到心脏？回流心脏的静脉血，由于心脏强大的心力可以把血压送到肺部，然后再经腹压呼出去。使肺部大量静脉血液里的碳酸气体排出体外，这是呼吸的正常作用。如果呼吸的作用强，刹那间可以释放许多的呼气量，把身体的二氧化碳代谢出去，并且人体自律神经系统、荷尔蒙系统、淋巴腺系统等都和呼吸有密不可分的关系。一个生命健康不健康、生理和心理能否平衡，生理和心理的桥梁、交叉点，就在出入息上。

人有交感神经和副交感神经，副交感神经系统的作用与交感神经作用相反，副交感神经是植物性神经（自主神经）的一部分，通常情况下眼睛睁开时就是交感神经在起作用了，而副交感神经起抑制作用，人晚上进入深度睡眠的时候，副交感神经才是活跃的。

现代人由于每天杂念多，睁开眼睛就不停地在动，夜晚该休息时也在加班、K歌、应酬、喝酒、开会、讨论，几乎没有时间让副交感神经活跃，晚上睡眠也不深，整个身体代谢是越来越慢、越来越紊乱，长此以往，身心必然不健康。

修炼即从调息开始，帮助副交感神经系统的活跃度增强。人体在正常情况下，功能相反的交感和副交感神经处于相互制约中，如阴阳一般，要保持动态平衡，这两个神经系统，一方起正作用时，另一方起负作用，很好平衡协调身体的生理活动，这便是植物神经的功能。从调息入手，无论是自律神经系统、荷尔蒙系统的平衡，还是淋巴腺系统以及各个脏腑之间的关系都会得到有效修复，功能逐渐稳定。如此，免疫能力就增强，代谢功能就增加。从生理上，对人大有裨益；从心理上，调息稳定则直接带动情绪稳定，心理和生理皆可渐入佳境。

调息的重点在哪儿？在出息！出要尽,但不是有力,而是均匀而舒缓地出息,这是调息的首要重点。

初修者可用数数来帮助出尽气息,说"出"的时候心里默念1、2、3,一直到10,到10以后再开始吸气。

所谓气血,气就是怎样出气能把气出尽,才能吸饱;血呢？就是指血液循环,血液循环是身体里最重要的输送通道。怎么循环？气足了才能循环得好,血液循环需要依靠的就是心肺功能,以及横膈膜里面膈的呼吸频率和力度,还有全身骨关节骨骼肌的密切协调,这些如果彼此不通力合作,血循环一定不会顺畅,气也一定不会足。

以膈膜为例,膈膜是从胸腔到下腹中间的一个桥梁。可平时我们动不到膈膜,一般人是不会动膈膜的,让他鼓啊收啊,他马上就会累。那么膈膜区有什么？肝、肾、脾、胃全在膈膜附近。不动,则脏腑得不到按摩,调息法运用得当,全身所有的能量都集中在呼吸上,对胸腔心、肺功能的强化有很大帮助。

只要修者能达到悠长地出息,精神就会越来越稳定,思想也会越来越集中,身体当然更健康、更年轻、更有活力。但修者要注意,禅意调息只是禅修的桥梁,是身心自在的基础,并不等于禅意调息修好了,就能自在。

自在是心的作用,气息是身和心连接的作用,自在虽不脱于身,但也不能基于身,以身为本是永远不可能自在的。

身,是四大五蕴之所合,四大五蕴本身无常,如基于无常就永远不得自在。维摩大士说:"是身如浮云,须臾变灭。"

将生命归于生命,藏身于生,方得大自在。

和諧

## 十五 为什么初修者一定要来道场？在家修不行吗

您认字读书为什么要去学校？在家学不行吗？大家都知道去学校学习，因为学校里有老师、有同学、有气氛、有考试等，这是场的能量，量子物理学把"场"定义为一种看不见，但能影响物理现实的游移力量。

"中国禅"修养亦是，有"道"之场，名曰"道场"；无道之场，是戏台。孔子说："人能弘道，非道弘人。"中华文明的基点是以人为本，"中国禅"修养亦是人文修养，唯"道"之一字可以感通天道与人道，召唤人文修养的开放性及超越性。

教育是触及心灵的，不是什么哲学、高论能打动人，打动人的是平常心、平凡人。"仁"是孔子思想的核心，但一个"仁"字好写，要理解"仁"就难了，要做到"仁"就更难了。

首先需要充分掌握人性的变化，没有人只有一面、没有人愿意讲真话、没有人不在掩饰自己，也没有人不想上进，光这一点的实践体会，孔子自己就花费了不少年。之后要行人道，即人"生而为人"应做之事，是利益大众的事，能"明知不可为而为之"，这不是道理，而是真正地要具有虽千万人吾亦敢往的胆识,在人生的正路上能择善而固执之,这些统统是人道。最后,是人成,修齐治平,止于至善。

儒家的道理不难说,然而知易行难。故,缺乏了实践的场,学到的只是知识,和生命无关。孔子之所以是圣人,因为他身体力行,他对弟子的影响在于他本人就是位以人为本的"仁者"。

教育本身是言传身教,例如,孔子听到家里马厩失火,马上反应是:"有人受伤吗?"却不问马跑了没。孔子也不富裕啊!再如,他听说朋友家父亲过世无人料理丧事,就挺身而出负责一切,朋友馈赠祭肉,他作揖拜谢,朋友再赠车马,他则不拜。为什么?拜祭肉是对朋友祖先的尊重,可见孔子对物质的态度如何。孔子这些生活中体现的"仁心",无时不刻不在影响学生们。

孔子理想的社会形态是:"老者安之,朋友信之,少者怀之。"这十二个字比那些空洞的口号来得有人情。没有了人情,人类又岂有光明的未来?

孔子在世时,弘扬教育,他周游列国的马车就是他的流动道场,就是他的能量场,这里能发生什么作用呢?是心景的变化。

"景"是什么?从物理上说,景是一种光线的合成;从心景上来说,不同的光线合成作用于六根时,就会对人的心理产生作用。

普通人的世界观也好、价值观也好、人生观也好,都是狭隘的。因为狭隘的观念根植在心里面时,所产生的心意识都受控于预先植入的狭隘观念。我们出生以后逐渐建立起一个概念模式,这就是个概念堡垒,然后一切都要往概念堡垒里装,囊括在这个堡垒里。

什么意思呢?也就是说我们长大后,只能接受外界和我们大脑堡垒里有限的认知相吻合的事物、景色,我们名之为"体验"。我们的大脑其实很忙,每秒要接收无数条信息,产生无数意识。

信息量究竟有多大?科学说是多少多少亿条,究竟多少条我们先不管,因为这个数字没有意义。我们的大脑像筛子一样,会迅速地过滤和筛选。大脑有时比电脑还快,挑选出熟悉的信息留下。哪些信息值得相信、哪些信息不值得相信,都是大脑预先挑选的,根据什么条件筛选呢?就是已经建立的堡垒,符合的留下,不符合的就剔除。这个自动化的认知过滤系统几乎不假思索,一般人习而不察,粗糙潦草的人根本察不到,进而形成我们的思维范式、意识习气。

所以人所谓的意识,是二手意识,大脑会选择您应该接受哪些,所谓习惯的、喜欢的、相应的那些感觉,都被认为是真实的,所谓体验、爱好、习惯,其实是被大脑认可的。故此,我们是在过一个二手的人生,这些已经被筛选后保留下来的,都是经大脑允许后留给您的玩具。什么不是幻相?

您的人生是由谁带动和决定的呢?大脑不是人的本来面目。大脑引擎就像百度筛选一样,概念堡垒里有关键词,决定保留还是删除。

大脑搭建一个门,信息通过这个门才能进入您的意识,所以表面上您经历了许多,实际上,不被大脑接受的就会遗忘和被剔除,实相也在被剔除的范围内。于是乎,我们看到的都是大脑想看到的。

大脑这个门是被您自己搭建起来的,从刚出生开始,人本具备了各种开放性,可越长大就越封闭保守,大脑开始用筛选过的景色、声音、信息搭建我们的爱好,指挥神经传导通路。大脑还有自己的奖惩机制,用以牢牢地将我们困守在堡垒里。

科学进入物理量子力学时,告诉了我们一个重要的道理,就是一切事物环境并不是按部就班的,而是即刻发生的,是众缘和合而起的,这不就是顿悟吗？这不就是顿法吗？

被困守在自己大脑概念堡垒里的人,活在一维物理世界,只会用线性思维法考虑事情,世界非黑即白,人非好即坏。可是我们的生命,绝对是无限多维的存在,绝对不是什么十几维,而是无数维的同时存在。如果我们被自己的六根所困,困于我们六根的感官经验时,这种体验是武断的、拘狭的,痴人说梦一样的,这些根本不能把我们从我们的堡垒里解救出来,"我"根本不知道自己是什么。

这就产生了一个悖论：西方说救赎是自我救赎,而自我是无法救赎自我的！自我不是自己,自我只能被动地去看一幕幕过去设定的人生电影,这就是我们所谓"应景",而自己是什么？是本来面目。远离自我的方法是修养！唯有修养,能找回自己。

想要把自己从这个出生就一天天搭建的堡垒中解救出来,就得换个频道,暂时离开熟悉的环境、思维、概念、常识、习惯,去到另一个频道里,将一些过去模模糊糊、含糊不清、自以为是的概念转化。

能量和物质是同种事物的两种形式,能量是被释放了的物质,物质是被转化的能量。生命的奥秘超乎您的所有想象,您想象不到的生命能量要找方法释放出来。你、我、他、万事、万物、万有都是相互连结的,连结点就是宇宙的能量场。我们看上去万事万物万有各有各的形,各有各的空间,互相分离,实际上只是它们以不同的波长振动而已,就像音乐一样,表面上看C调、A调、G调互相没有关系,然而合在一起才叫音乐呢！同样,每种不同波长的振动在宇宙中会形成磁场来引导能量的去向。

什么叫同时存在的多维？就是宇宙的维度都是同时存在的，环环相套，形影不离。无数种生命、生物、空间、时间都和我们现在所认为的世界互相交叉、交叠、交互。为什么要修炼出慧眼呢？就是在这团乱麻中，真假、虚实、善恶都不是单一的，你中有我，我中有你，不同视角、不同时空、不同境界就不同。

"我"是四大五蕴集合体。既然是集合体，什么是"我"呢？"我"的存在感是什么呢？就是我的心意识，而心意识是不断变化的，每秒钟大脑可以产生四千亿个信息。这么多的心识哪个是"我"？哪个不是"我"呢？

要想找回我，需活在当下。这个世界是发生在光天化日下的魔术。魔术师想给人看的是障眼法，如果只会看别人想给您看的，您就看不见光天化日下同样隐藏的实相。看不到实相是因为眼望着别处，实相只在当下这个"景"里。

"五心修养"的作用是什么？就是帮助人打开受困在这些碎片化里的陈旧思维、习惯性意识，转化您自己都不知道的潜意识。

要知道我们的每一个念头都是有生命的，都是一种能量场，而能量场发挥作用，需要场和场相应。修者进入了"五心修养"这个能量场的时候，不知不觉在彼此转化。就像如果需要电，得先插上插头；需要与电伏、电荷相对应。同理，唤醒生命需要什么？需要走进生命的能量场，把自己身体深层的能量场激发出来，就像需要插头才能导电一样，这个插头是什么？是修养法。

人最大的错觉是什么？就是认为除了自寻烦恼之外，世界上还有别的什么烦恼存在。

我们都看过魔术,每一个魔术师都很清楚,所有的障眼法就是为了分散观众的注意力,诱导观众们全神贯注于那些根本毫无意义的动作上。逗笑、恐惧、唯美全是在虚张声势,观众注意力被成功分散了,魔术就能展开了。人生不也一样吗?我们见到的、听到的、感觉到的一切,都是分散您注意力的魔术,关键是,真正的魔术师无相无形。我们把我们所有的注意力都集中在毫无意义的事物和事件上:飘忽不定的情感、起起落落的工作,而看不见人生背后的事实是什么?

爱因斯坦说过,宇宙里就是能量和物质的不停转换。宇宙里有什么?宇宙里本来无一物,只是一些波和粒子的转换而已,波转换成粒子就是物质,粒子换成波了就是能量。我们随时都能根据我们的心念,对接上同频道的电流。一念能成佛、一念能成魔,心念是肉眼看不见的,这不就是场吗?

"场"虽同,但由于人的境界不同,"景"便不同。心念会改变场,反之,场又会作用于心念。

心念就像从电台里听到的声音一样,是振动的波,收音机里的声音会对心念产生影响、产生行为,那为什么心念就不能影响场呢?

五心作用于哪里?作用于您的心念,心念受场的影响而逐渐清净,以后,场的景变了,变得您越来越相应了。再以后,场扩大了,您发现,家中的场也变清净了,工作场也变清净了,人际关系场也清净了,一切都在变化。其根源,在于心念变化了。

在专门的道场里,专门修炼的老师每天在此主动修炼,老师们清净的、慈悲的心念影响着道场的能量场波,初修者心不静,杂念纷呈,所以被动。这主动的、被动的能量波在道场纵横交错成一个能量迷宫,有的人就能通过这个迷宫获得不可思议的能量。谁都不知道,在什么时候,在什么情况、什么状态下,突然之间被谁启发了内在的一个开关,也不知道这个开关被启动了以后会怎么样。

那么我们怎么知道这个开关的启动不会有危险呢？就在于初修者要会选择正法道场。在此修行的老师正心、正念、正行、正观,则被启动的一定是正能,反之,如果这个"剧场"里挂羊头卖狗肉,越修越迷信,执著、偏激,在这种情况下,被启动的一定是令生命迷惑的负能。

正和负的区分,只取决于修者于此的改变,正法道场修行,修者虽暂时不解深奥的法理,身体也暂时跟不上,但知道未来的方向,知道该发愿利益大众,知道自己的缺陷,时刻会发惭愧心、向上心。我们看中国禅祖师们,跟随师父几十年没有悟道的也比比皆是,但这些人的行为举止如何？一直在心内求法,在精进修行等待悟道的那一刻。反之,邪法就是心外求法,成天求佛菩萨保佑,成天放生啊、法会啊、烧香啊,带个佛珠您又不念佛,这种情况,岂不是越修分别心越大？

您自己才是自己的神！唯有自己才能改变自己！场不是固定不变的景,景随心变、随情变。量子力学已经证明,两个粒子之间即使相隔千万里,依然能够互相沟通和交流。

宇宙间充满了粒子,时间是可以减速也可以加速的,只是您和这些能量有碍,不懂得如何去用而已。当您自己的能量场被启动后,您有没有可能也能够和某人、某事、某物、某个场景,虽相隔千万里,也无碍沟通和交流呢？这就是不可思议。

科学原来说这些是诡异的，是不科学的。现在，量子卫星都上天了，还有什么不可能？电子为什么可以从一个轨道跳到另外一个轨道里而不需要经过中间的通道呢？科学家们或许现在无法解释，但相信要不了多久，就能解密。

人是宇宙的一部分，我们就是宇宙的真相。

只是说我们的科学、我们的大脑、我们现在所有的理解力实在太局限了，所以称为不可思议。等到我们能感而遂通宇宙万物，能随用随弃、随弃随用宇宙的能量源，便会洞然明白。

为什么一定是随用随弃、随弃随用？因无所住而生其心，这个时候，我们就是生命本来。

物质世界是我们心意识的一个投射，而投射只会是一部分。如果我们学会观察我们的生命，或者观察这个世界、观察人生的时候，我们用局限的大脑意识去思考和理解，只能是被动的。

世界是什么样子呢？世界一定是它所不是的样子。生命亦是，是名"如是"，万事万物万有，没有固定位置、固定空间、固定时间，执著了便以为"有"。

修者在道场修炼的目的在于参悟，回家后的读书、学习、修行主要目的在于实践和巩固，禅法能应用于工作、生活在于实践。怎么用呢？许多人回去将禅门活泼泼的法用死了，僵化了，一开口变成禅八股，不会和人好好说话了。

僧肇法师在《般若无知论》中论及体、用关系时说："用即寂，寂即用，用寂体一,同出而异名。"

什么是"般若无知"？即唯有般若是"无所不知"的,不仅无所不知,还可以"无所不为"。老子说"无为而无不为"是也。具足般若智慧的人,能根据不同状况随缘应化,会因人而异接导众生,并且能精通与众生共同生活所需的诸种技能,众生喜欢的,智者不仅会,而且更精妙。如果修禅修得什么都反感、讨厌、瞧不起,这不吃那不行的,这就不是无所不为的般若在起用,而是分别心在作怪了。

修禅为的是能以般若智慧带动人生,能遍知一切,又能从一切中观照到它们的真谛,由于它不被世俗的"知"所障,故能达到般若之"智",无知与无所不知能圆融统一。

什么是世俗的知？即只能获得俗世的一时、一地、一事、一物的知识。这种知识不能使人获得完备、永恒而普遍的对宇宙万物万事万有的整体认知,若要获得整体认知,唯有"般若"起用,而无法靠俗世的"知"。

般若不负责解决俗世一时、一地、一事、一物的知识,而只指出路径,教修者起用寂照法直观参悟、体认和实践无相的真理。"般若"之所以"无知",在于它既不需要通过语言概念,也不需要通过表象,便能如实观照现实世界的千差万别相背后的平等性,这与庄子的"同天人、均彼我"观念相似。

不过,俗世的知和般若并非水火不容,是可以统一的,如果误以为摆脱世俗之"知"才能获得般若,那就错了,般若无知不是通过否定世俗之知而获得的。

什么叫"用即寂"呢？这要反过来说,心没有"寂"的人就不会起用般若。

何为"寂"？一是不动，真理是不动摇的；二是清净，真理不是依靠否定而建立的，相反是不二皆同，无不包容；三是定，俗世万象纷呈，然而般若不受其扰，整日走路不沾一片土，终日吃饭不吃一粒米，百花丛中过，片叶不沾身，做任何事情，并不被事情牵着走，心无挂碍，无有恐怖；四是如镜返照，湖水有涟漪的时候，我们看不清楚，湖水没有风浪时则能如实观照；五是无我，有我便有私，但凡有我有法在，谁能寂？都会执著在"我"这里，我的感受、我的面子，会思量，"量"即考量、计较、比较、权衡、考虑利益和得失。

《洞山良价禅师语录》中诗云："也大奇！也大奇！无情说法不思议。"修者能达到无我、无住、无念、无相、不动、清净、禅定时，心力特别强，这时才真的会起用这颗活泼泼的禅心。如果没达到这种境界，一切的用都不会真的灵活应用，得心应手，只是在惯性地随大流活着，被八风所转。

"寂即用"呢？当一位修者修到了清净心时，如果不能纯粹地、毫无保留地回向给社会、众生，那么这种清净是暂时的、无常的。禅法是利益众生之法，如果忽略了"寂"是为了用于大众，则"寂"不能久。

僧肇祖师还说"所谓有力者负之而趋，昧者不觉"。昧者，也就是寂者。禅者不会觉得自己有什么特别行为叫修禅，禅者的每一念都时刻和禅心相应，修禅的过程是为了让我们真正有力。

力，不是指力气，而主要是指般若力和行动力，有力者，会担当起教化众生之重责，但不觉得重。修行的目的在于时刻提高能量，能够有力去驱动、运化、带动肩负的责任，尽管常人看着很辛苦，但有力者并不感觉到压力。

六祖接五祖法衣时,没说:"师父,我既没钱,也没弟子,还不认识字"!或者:"师父,我也没学多久,什么也不会啊"!

"有力者负之而趋",大丈夫之大,是担当大、胸怀大、责任大、能量大、包容心大,不是年龄大、地位高、财产多,所以尽管背负了常人难以理解的重担,但昧者不觉。

进啊退啊、顺境逆境、自己身体好不好啊、别人怎么评价等,有力者心中不生分别,因为心"寂",所以能起用如如,能将迷者负之而趋者,手无缚鸡之力行吗?

如果带着一颗有为、有求、有利的心,当然"寂"不下来,也不可能心念纯粹、聚精会神、全神贯注、专心专注地参悟禅法之妙,也不可能干"傻事"去负重利益他人。真正的禅者不是用业余时间做公益的人,不是求福报的人,而是用一颗活泼泼的心相应宇宙万物,合于大通的人,这样的人才不枉来世界这一生。

一日,黄檗希运禅师上堂给弟子们说法:"各位!趁着大家身体健康,精神还好,务必把那件大事弄个水落石出,彻底分晓,别让它给欺瞒了才好!尔等如不肯下决心去做功夫,一味地推说难上加难,老僧现在就告诉各位,树上怎会自己长出舀水的木勺?"

接着希运禅师讲了赵州和尚回答弟子"狗子有无佛性"的公案。

据《五灯会元》记载,赵州和尚和希运禅师曾见过面,见面的方式很独特:"黄檗见来,便闭方丈门。师乃把火,于法堂内叫云:'救火救火。'黄檗开门捉住云:'道道。'师云:'贼过后张弓。'"

也就是说赵州和尚有一天行脚到了希运禅师的黄檗山来拜会师兄,希运禅师一见赵州和尚来了,便立即闭方丈室的门,不见不见!赵州和尚一看,呵呵,不见?那就放火烧山吧!看出来不出来?放了火,他自己跑去法堂大叫"救火救火"!哈哈,果然把希运禅师给叫出来了,但出来不是去灭火的,而是一把揪住赵州和尚的衣服,喝道:"道道!"赵州笑眯眯地说:"贼过后张弓。"贼都跑了还张弓做什么?言下之意是我早就演了道、说了法了,您还让我道个什么道?

希运禅师是百丈怀海禅师的法嗣,赵州和尚是南泉普愿禅师的法嗣,两位的师父皆马祖坐下龙象。何为禅门之"龙象"?龙者,水王也;象者,陆王也;水者,易也;陆者,不易也:是故,龙象者,水陆之王,游刃十方,动静无碍,说法无常。然,如《华严经》偈云:"欲为诸佛龙象,先做众生牛马。"诸佛龙象实皆为度化众生而应化在世也。

从师父处论起来,希运和赵州两位是师兄弟,可兄弟俩见个面又烧山又打人的,闹得算哪一出?

希运禅师这次上堂给弟子们讲法,举赵州"无"字公案,便是让弟子们能聚精会神,参悟不可懈怠,日久月深,自然悟机。

说着说着,希运禅师唱曰:"尘劳迥脱事非常,紧把绳头做一场。不经一番寒彻骨,争得梅花扑鼻香?"

禅境

## 十六 实践出真知,还是实践出真情

问出这种问题的人,就是典型的二见思维法。似乎,真知里无真情,或者真情里无真知。

再如,现代有人说教育的本质是为了学做人,此话本没错,但不补充几句就有偏激的人误解,学做人里包括了做人的基本常识、道德规范、社会公约、自然规律等,非要把学做人和学知识分开,岂非二见?

中华文明是圆融的文明,不会将真知和真情分割,孔子是个真性情的人,因为其真性情,所以他的学问是真知。真情何生?从志愿生!人无志愿,情是世情、俗情、小情、庸情、滥情、痴情。

苏轼在《留侯论》中云:"古之所谓豪杰之士者,必有过人之节。人情有所不能忍者,匹夫见辱,拔剑而起,挺身而斗,此不足为勇也。天下有大勇者,卒然临之而不惊,无故加之而不怒。此其所挟持者甚大,而其志甚远也。"有真情的人,必有定力、有胸怀,故此,方有真知,这是模仿不来的。

"中国禅"的各位祖师,个个都是顶天立地的大丈夫,这些豪杰之士,无我无私无相,每位皆有自己独特的禅风。然而禅风是因人而异的,执著了便是障道因缘。

临济禅师将圆寂时,曾谓弟子道:"我入灭后,你们不可将正法眼藏也随着灭却!"

座下三圣惠然禅师听后说道:"弟子们怎敢将师父的正法眼藏灭却呢?"

临济禅师问:"那么,你要如何接引学人呢?"

惠然禅师马上就学师父接引学人的常用方法,大喝一声。

临济禅师听罢叹气说:"我的正法眼藏,却在你们处灭却!"

说完,在法座上端坐而寂。

禅风不是模仿可得,修法不是执著可用,依样画大饼画出来的是大饼图,不是大饼,解不了饥。

寒山诗曰:"可贵天然物,独立无伴侣。觅他不可见,出入无门户。促之在方寸,延之一切处。你若不信受,相逢不相遇。"修行之道,立愿为本!最重要的不是模仿,不是背诵,而是生信心,立志愿,明宗旨,上证菩提,下化众生,为此志愿,通过修行积累无边智慧、福德、功夫、方便。

达摩祖师《达摩血脉论》云:"若见自心是佛,不在剃除须发,白衣亦是佛。若不见性,剃除须发,亦是外道。"所以要不断实修实践,在实践中完善、成长、反思。

人人都有佛性,人人都可以成佛,但众生大多不明白,认为成佛太玄妙,有的人即使天天念佛拜佛,也不敢发愿:"我要成佛!"且向来执著深重,容易学点什么,体验了点什么,就开始惑乱取著,误以为体验的感觉有真,误以为学的东西实有,误以为抓住了某个法就算得道。听到一句什么,就用自己肤浅的想法去解释,例如许多人说"活在当下"就是及时享受人生。

"活在当下"是什么意思？即"当下即是"。

当下就是全部真实，当下就当下一切妄想执著，当下就能领悟到实相无相，是让您即刻"狂心当下歇"的意思，当下止歇贪欲和无明，回归本来面目。心清净，故能心净则国土净，才能热爱您所拥有的一切，才能有能力去创造和教化，才能真正地做人。

不因别人没有满足自己的要求而愤怒，不因别人没有听懂自己的见解而失望，不因别人的脚步跟不上自己而沮丧……我们自己也会有偷懒、懈怠、犹豫、难受的时候。人和人之间的全部信息交流本来就是一个大大的幻影，例如爱人在身边时，我们说互相爱着却又无时无刻不在互相伤害着、指责着、不满着、抱怨着，然而当爱远离时，却又感觉爱会更深。

活着，可能会让人遍体鳞伤，但坚强的人，会让每个受伤的地方成为最强壮的地方，只有弱者会被伤痛击倒。我们之所以有情，不是因为我们意见相同、习惯相似、见解相通，而正是因为不同，所以才彼此需要。

感恩的人会从得到的角度思考问题，赤条条来去，无论发生什么都是宇宙万物的馈赠，都会用感恩心对待，不如意是自己的能量和能力问题，尚需加强领悟和提高，如意则是天时地利人和，自己应时而动；反之，心胸狭隘的人常会从失去的角度思考问题，总是看到别人对不起自己，看到机遇不公，总为自己失去了曾经"得到过的"而耿耿于怀，误以曾得到的名誉、财富、地位、情感是实，乃至陷入怒火，陷入哀怨，陷入纠结。胆小者自伤及伤害身边的人，稍大胆者会报复，更有甚者，也就是"勇敢者"会认为是社会不公，以至于看谁都不顺眼，最后铤而走险殃及无辜。

人，是非理性的，导致人疯狂、激动、难忘、幸福的感觉，都是非理性的。我们用来鉴别幸福感的,不是理性的数据和客观分析,而是理想和现实的差距。差距越小,所谓幸福感越强;差距越大,则失落感越大。可是,现实怎么会跟着人的理想走呢?无论您多努力,或者只要您没有达到别人的期望,再或者别人没有达到您的期望,这差距就会泯灭了幸福感。

您一次次试图满足别人的期望,或者别人一次次试图满足您的期望,都于事无补。因为期望值会不断提高,期望越高,则您的挫败感、失落感越强;因为我们的大脑有可塑性,幸福和挫败是大脑的奖惩机制,您的痛苦、失落、挫败不过都是阶段反应而已。

不断增高的期望,使得人生活的压力不断增加。为了满足自己和亲人的期望,从而努力努力再努力,一步步,使得自己的路变得更狭隘、更局限、更僵化。而这一切,是可以避免的吗?

禅从已知现象入手,世界是什么?无外乎色声香味触法,禅法实践是透过现象培养毫无分别的觉察力,去观照世界的实相。"五心修养"中,观禅画而不看画,对画的内容心中不起评价,不形成好坏、贵贱的价值观,不看是不联系,起观是觉察观的这个过程,集中在观本身。

概念是随着经验产生的,正见是专注当下,不用概念去概括事物,概念和概括都有角度,当下是无角度的。实践中逐渐培养自己的这种心态是认识万物万事万有真相的唯一途径,这种觉察会启动智慧,透视无明产生的原委,令我们远离概念,时刻保持觉知和清醒,并起到平衡的作用。觉察当下的发生,观察每一个过程,每个过程都有成、住、坏、空的变化,变化的自然法则,即空、无我。

有限的是生命形态,无限的是生命能量,能量需要修行来提高,能量高时,自然能读懂生命消息。

禅法是心物统一之法,统一时即读懂生命消息时,即"统合"。心不是孤立存在的,认识事物需要感官渠道,六根就是这个渠道。佛法里有"像教",就是通过佛菩萨像、佛乐、香气等作用于这六个感官渠道,使人心生恭敬和向往。六根接触了六种对象,即色、声、香、味、触、法,产生六种分别能力,即眼识、耳识、鼻识、舌识、身识、意识,我们人的任何一个心态,任何一种思想、情绪、意念、行为都不是孤立的,是由六个感官带入的。

六根的作用本来是平衡的,后来由于人类文字、印刷的发明,使人类的交流手段越来越多地通过书面交流,视觉在六根里面变成最重要的一个交流手段。

古人的沟通比现代人丰富得多,歌唱、舞蹈、骑马、射箭、刺绣、烹茶、狩猎等,所以心里的感受特别丰富。等到印刷术出来以后,视觉几乎成为人最重要的沟通和交流方式。人就把自己越来越局限了,变得越来越理性,感受越来越贫乏、表浅。人类由此开始循规蹈距地线性思维,要遵循逻辑、符合道理,在工业革命后,电视、电话等技术发展,现在又是网络时代,虚拟沟通更让人疯狂。

情感是人的温度,活得像个人样是指人性,人生的滋味到底是什么?是情感的滋味。现在人常觉得写诗干什么?诗意有什么用?简直耽误工夫。实用主义者将一切简化为冷冰冰的规范、条文、叙述、理论,人的魅力和活力呢?

失去了感动的人,怎么会有心灵的感悟呢?悟性从哪来的啊?是从情感中出来,人原本丰富的生命不能简化为一堆大数据。语言文字是文明的产物,可一切皆有两面,语言文字只是使用工具,凡有描述,必有角度,必有遗漏。就像任何地图也不可能完整地把中国是什么样描述出来。

什么是实践?要体会什么是"拥抱",文字解释无效,和爱人拥抱一下,一个温情的眼神,惊鸿般的回眸,人的心瞬间能够收到全部信息。同样我们需要更全面地启动心灵的感知,敏锐心灵的直觉,这是无言之言。缺乏了实践,我们无法穷尽语言不能穷尽的,无法丰富心灵,无法恢复干涸的感知能力。

我们要穷尽什么呢?看不到的东西叫"夷",听不到的东西叫"希",摸不到的东西叫"微"。这些都是无形无相的,是语言无法穷尽的。混沌的夷、希、微,只能感而遂通,无法描述。老子说"恍兮惚兮",能感知的那个刹那就叫"妙",妙是由心灵实践而启发的悟。

老子为什么说圣人传的是不言之教呢?不言之教就是一种生命的实践,禅的"心心相印"也是不言之教。这种实践的传导机制是什么呢?是感动,唯有感动才能通灵。

科学和感动之间什么关系?科学是认识自然规律,感动是和自然规律背后的本来契合。

一个蜡烛发出的光里蕴含的内容,除了有光线和三角函数波,还有印在墙上的影子和影子里的圆锥曲线,还有什么呢?是烛光摇曳的美,是烛光里的爱,是烛光后的故事,是烛光带来的温暖,后者属于感动。

感动细分是不真实的,然而感动的当下又是真实的,如果执著在实践带来的感动这种体验是否真实上,您就失去了实践的原始意义。佛陀和迦叶相视而笑真实否?人与人之间心心相印,相视一笑,莫逆于心,真实否?

古代人的知识是怎么来的呢？多数不是从书本上来。比如说二十四节气、一昼夜的十二时辰、依据物候的播种规律，这些都是从天地自然中来的、从生活中来的。这就是实践和从实践中引发的感知。

人心灵和天地是能感通的，能观四大，知寒暑，察天地之变，觉风起落。而现在的孩子从哪获得知识呢？几乎全来自书本。

有的孩子以为电来自电线，蛋糕来自蛋糕店。二十四节气意味着什么？不知道！八点意味着什么？还是不知道！对这些孩子来说，知识只是知识，背二十四节气为了考试；知道八点要上学，没有其他内涵。可是古人不一样，一切都是天地给人的信息。能和天地信息沟通的人，才能是一个好农民、好军事家、好谋士、好皇帝。如诸葛亮一般的神人，皆是心灵感知丰富的人，生命的活力是被开放的。

要形容"法"和"境界"或者"体会"的话，也只有用一个"妙"字来概括了。如《维摩诘别记》中所说："妙，乃诸法之实际。绝离名字、言说、思量、分别、言思所及……以妙智作为前导，修一切自利利他之行，无不吉祥。"龙卷风是风王，是动的圆相；黑洞是宇宙能量王，亦是动的圆相。二维叫圆相，三维便是无底洞。无底洞本是禅语，谓：深不可测，不可思议，妙不可言。

说不说法？开口即失，闭口又失。半开半闭，八万四千。

一休禅师还在当沙弥时，常默然不语独坐参禅。有一天，师父领他走出寺门。寺外空气清新，半绿草芽，斜飞小鸟，河水潺潺。过了一个下午，师父领一休回寺内，刚入寺门，师父突然掩门，把一休关在寺外。一休不明白师父做什么，只好无奈地待在寺庙外。

天很快暗了,寺庙里没有电灯,周围被黑暗笼罩着。过了好一会,师父在寺内突然开口问一休:"外面如何?"

一休说:"全黑了。"

再问:"还有什么吗?"

一休说:"什么也没有。"

师父说:"清风、绿野、花草、小鸟、小溪一切都在,怎么会什么也没有?"

一休言下大悟。

您自己不主动走进光明,自然会被黑暗笼罩。所谓黑暗,是什么都在而您认为没有;所谓黑暗,是自己的心不见日月星辰;所谓黑暗,是在自己的执著里茫然不觉。

凡人跟悟者的差别在哪里呢?觉悟者内心有慧光,就像住在开着灯的房间,能见种种色,而凡人就如同住在黑暗的房间里,不见种种微妙。故房间虽一样,里面的东西和摆设一样,因人的智、愚不同,而显现的层次天地悬隔。

弟子问达摩祖师:"什么是色?"

答:"眼前情境,即是色。"

弟子问:"什么是心?"

答:"现在问我的,即是心。"

弟子问:"面对色时,心该如何?"

答:"色不自色,由心故色;心不自心,由色故心。"

弟子问:"怎么说?"

答:"外在情境只是纯然情境,没有净垢分别。由于我们的自我主观,心生分别情境的好坏、善恶。"

弟子继续问:"什么是名?"

答:"有形情境叫作色,无形的情境叫作名。我们的心受名色所束缚,因此便有际遇好坏差别。"

再问:"际遇不好时应如何?"

答:"面对现前情境时,不要以自我的立场生心,便无所谓际遇好坏。"

"胜固欣然,败亦可喜",事不强求,人不强留,随缘而行,随果而受。《杂阿含经》云:从爱生爱,从爱生恚;从恚生爱,从恚生恚。

一切众生的痛和苦,并非都是亲身经历后才能明白,因生命本具感通之性,心有慈悲者就能通。要知道,经历过多少痛和是否明白痛,以及未来是否懂得避免不是一回事,和是否有慈悲心去利益他人免于苦痛也不是一回事,菩萨并非能救人免于苦痛,而是帮人找到苦因,能实现无苦无乐的愿力人生。

爱因斯坦说,人不可能在问题产生的层面解决这个问题,解决之道在问题之外。

《庄子·秋水》里说:"秋水时至,百川灌河。泾流之大,两涘渚崖之间,不辩牛马。于是焉,河伯欣然自喜,以天下之美为尽在己。顺流而东行,至于北海。东面而视,不见水端。于是焉,河伯始旋其面目,望洋向若而叹曰:'野语有之曰:"闻道百,以为莫己若"者,我之谓也。且夫我尝闻少仲尼之闻,而轻伯夷之义者,始吾弗信,今吾睹子之难穷也,吾非至于子之门,则殆矣,吾长见笑于大方之家。'"

"北海若曰:'井鼃不可以语于海者,拘于虚也;夏虫不可以语于冰者,笃于时也；曲士不可以语于道者，束于教也。今尔出于崖涘，观于大海，乃知尔丑，尔将可与语大理矣。天下之水，莫大于海。万川归之，不知何时止而不盈；尾闾泄之，不知何时已而不虚；春秋不变，水旱不知。此其过江河之流，不可为量数。而吾未尝以此自多者，自以比形于天地，而受气于阴阳，吾在天地之间，犹小石小木之在大山也。方存乎见少，又奚以自多！计四海之在天地之间也，不似礨空之在大泽乎？计中国之在海内不似稊米之在大仓乎？号物之数谓之万，人处一焉；人卒九州，谷食之所生，舟车之所通，人处一焉。此其比万物也，不似豪末之在于马体乎？五帝之所连，三王之所争，仁人之所忧，任士之所劳，尽此矣！伯夷辞之以为名，仲尼语之以为博，此其自多也，不似尔向之自多于水乎？'"

"五心修养"运用形象、禅音、禅画、禅丸、调息等禅法，有效调动修者实修实践过程中的感官渠道，打开人拘于虚、拘于时、拘于教的局限，由外及内，熏陶净化，转化修者的心态。

禅法的教化途径，不是理性的，不是抽象的，一定离不开实修实践和感官的接触，有所见、所闻、所嗅、所尝、所触到所意会，将修者逐渐带入禅境。所以，禅法的核心是不落空，不落理，不落迷信，实修实践就是通过可操作性的修法来落实、转化、熏陶，从而使得修者六根逐渐清净。

六根清净从实践中来，能否真清净必须回归红尘的实践，决定陀螺旋转方向与行动轨迹的是左右两种力。右转是顺时针，即陀螺自身运转当下，左转是逆时针，即陀螺的行动轨迹。陀螺旋转的时间长短，取决于两种力的平衡；禅者的能量呢？取决于自利利他这两种力的平衡，失去了平衡，就停滞了。

凡人受苦之因就在无知造业，被动受业，由业受苦，再由业受身，身还造业，如此循环往复，无有止期。要转变这个迷惑的身心、迷茫而不知方向的生活，就必须身心清净。清净不是难在学问和道理上，而是难在发愿和实践上。修者对于中华文明智慧思想推动的力度在于发愿，把握的精准在于实践。

我们活在现代这个网络时代、商业社会，经济大潮滚滚而来，我们不能脱离，也不用脱离，但能入流而不随流，入世而不厌世，就得自我提高功夫智慧。心清净了自然就能活好，活自在，否则烦恼现行的时候，内心是无力的。知道情绪不好，但还是被情绪所戏；知道有些事不该做，还是照做不误，这是您的心在与烦恼相应。禅者不是没有烦恼，只是清净心和烦恼不相应。不断精进修正自己，止于至善是修行。

我们需要正法团队、需要道场、需要修法，是因为人都会冷。冷的时候，初修时时常靠近炉火才会温暖，而修行至一定阶段，内心的光明冉冉升起，能量充足时感觉冷的时间就会减少。

要看清人生的真相，就不能靠得太近。"不知庐山真面目，只缘身在此山中"，学会从俗世抽离，不是为了逃避，而是为了更好地回来。

修者常说：一切的相逢皆是久别重逢。

什么是"久别重逢"？

第一，你我过去无量劫、无量世的交集，宿世因缘，今，乃因"一大事"而出世重逢，再聚一起共建一番利益人类之"事业"。

第二，我和"自己"，自出生后逐渐分离，人海茫茫，色乱情迷，唯不见"自己"，如离巢之孤儿，心有千千结。至有一日，雾开云散，久别重逢，乃见自己的本来面目。

第三,自他有碍否? 谁是我? 他是谁? 多维空间,谁不是自己? 他的、你的、我的,归根到底,无他无自。久别重逢,乃是心与心的关系,如佛陀拈花、迦叶微笑,心心相印,是谓"重逢"。你中有我,我中有你,"你"的血液、细胞、思想中难道没有"我"?"你"是不是"我"的投影、转世?

如此,则,一切众生之间,皆是久别重逢。

许多人见到自己师父时,恍惚之间似曾相识;听到法音飘渺时,止不住泪流:此皆菩萨之同体大悲,您见到、闻及"自己"也。

禅者颂
# 虚实

众生皆有佛性，
念念清净则应。
潇潇寒潭现水月，
是实是虚是明？

显时布满大千，
微入毛孔普现。
高低先后又方圆，
是顿是渐是心？

十年磨剑 八年笔耕
# 二十一本专著
# 供养十方善知识
(部分作品简介)

**禅文化系列**
## 《茶密禅心》

正本清源，溯源中国禅之历史脉络、法源灯传之路。

"拈花微笑""一苇渡江""婆子点心""打车打牛"……那些妙不可言而又朴实平凡的瞬间，在文字间奔放流动。

容千载于一瞬，纳须弥于芥子。这活泼泼的禅心，从没有断过……

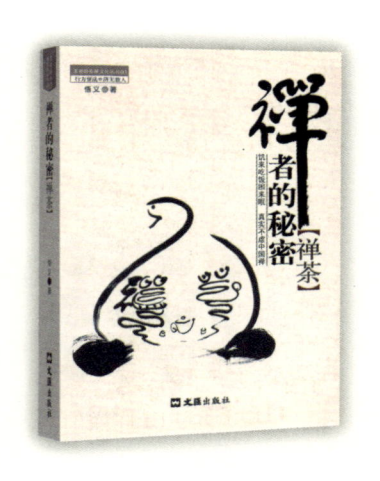

**禅文化系列**
## 《禅者的秘密·禅茶》

　　这一年又一年的蹉跎岁月,到底是向我们走来,还是匆匆离开?

　　陆羽,皎然,茶烹,季兰……

　　这谜一样的人生,雾一样的故事,伴随着茶的芬芳在心中弥漫。

　　最好清晨和露看,碧纱窗外一枝新。

## 禅文化系列
### 《禅者的秘密·饮食》

禅者,有秘密吗?

日月星宿,盈昃列张;全现于前,而凡常之人不得其要。

放下屠刀,立地成佛:此乃祖师实语、真语、不妄语。

如何是成佛的下手处?饥来吃饭困来眠。

且看古佛赵州,徒儿真秀,如何千里行禅,闭关安居,如何在苍茫孤寂之天地间,循禅法之脉络,以饮食为启迪,显禅之"密"。

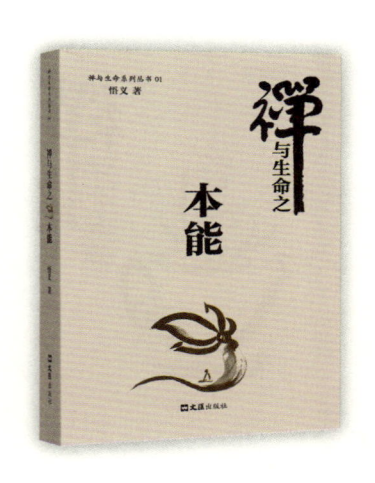

## 禅与生命系列
### 《本能》

大脑与能量、意识的通路、颈椎与理智、胸椎与情绪、腰椎与生命力、体内饮食的通道、梦修是什么？筋与骨……

人应该如何相应生命本具的能源与能量呢？

我们的身心为什么不健康呢？

蓦然回首，自己就在灯火阑珊处。

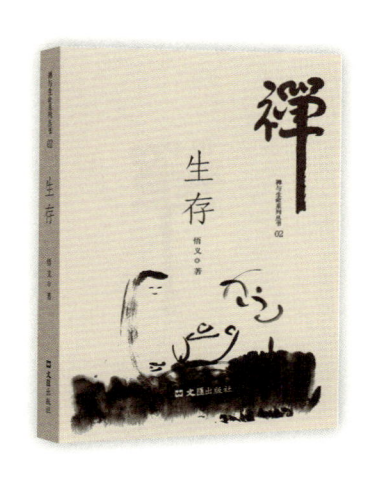

## 禅与生命系列
### 《生存》

生,不由己?

存焉于世,是必须自主、自控、自在的!

否则,人何以为人?

如何自主? 如何自控? 如何自在?

最简单,情绪如何起伏? 疾病从何而来? 环境和"我"如何相生相克?

一位身心俱疲的商人,在人生的十字路口,遇见一位禅师,如此,心中疑惑娓娓道来,从微处展开宏大的对生命实相的探寻。

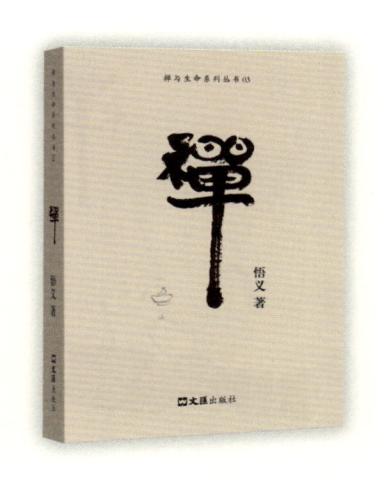

**禅与生命系列**
## 《禅》

禅，不可说。

那，为什么还要说？

"缘，念，通，空，行，了，生，死，起"这些是密码？还是章节？

骑在六牙白象背上的各路人等，穿越时空，电光石火，上天入地，共赴马祖之约。

是梦？是真？不可思议的，往往正是生命的重生处。

**禅画美学系列**
## 《高明中庸 修身为本》

何为禅？何为观？何为心？何为美？

作为"禅画美学"系列丛书的开篇之作,作者从"禅画美学"这个中国禅修行的下手处下手,生动活泼,气象万千。

何为禅儒不二？

如何穿过两千多年来的语意变迁,精彩透视当今社会？

且看,中国禅修养导师悟义老师,妙解《中庸》。

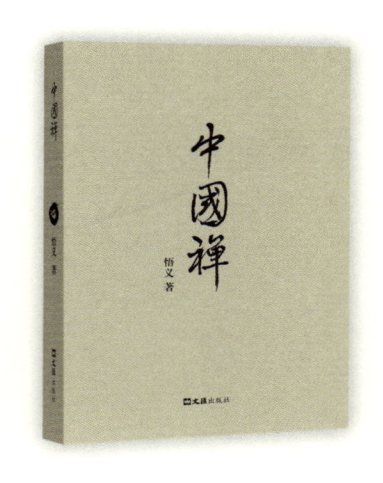

**禅法系列**
## 《中国禅》

独解禅法西来、"中国化"之历程。

人脉、法脉,两线并举。

何为"中国禅"?"中国禅"从何时起?由谁创立?有何发展?后来为何式微?如今,即将重新大放光彩的中国禅,将对中国乃至世界的文明,起到什么样的作用?

《中国禅》娓娓道来。

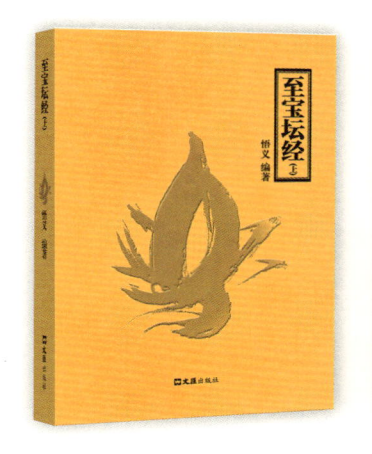

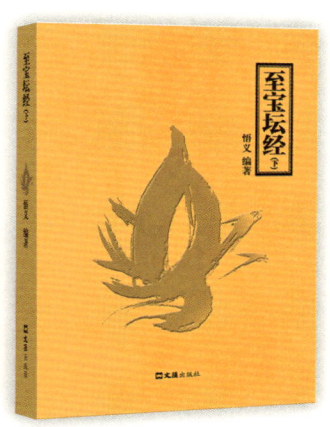

**禅法系列**
## 《至宝坛经》上下册

《六祖法宝坛经》是中国禅的根本经典。

虽只有两万余字，却法海难测，现代人想真正理解其中智慧，实非易事。

著者将自修行中对《坛经》法语的证悟，与有缘人分享。

《坛经》是佛法的中国化。

《至宝坛经》是《坛经》的现代化。

### 禅修系列
## 《莲花导引》

苦于脱不开城市污染生活的人,需要"静中动"不离"动中静"。

"莲花导引"功夫,是帮助修者进入禅定修为的辅助功夫。

虽,禅定深不可测,然,因人、因事、因境、因机而变,其中必有轨迹可循,必有下手之处。

"莲花导引",乃其入手之一。

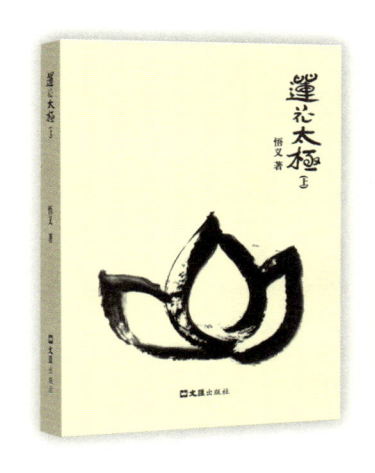

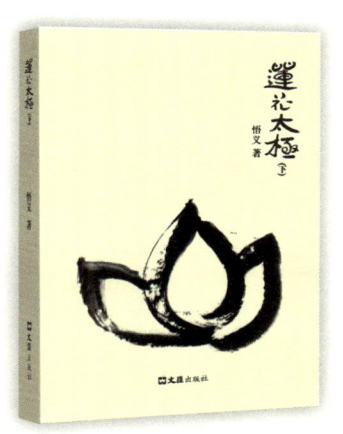

禅修系列
## 《莲花太极》上下册

　　禅者若想真正心契禅法，必重实证实修。文字、修法、语录，乃指月之手，非"中国禅"本身。而无文字、修法、语录，如何见月？

　　定中生慧，慧不离定。

　　"莲花太极"是帮助禅者契合禅法的助力。

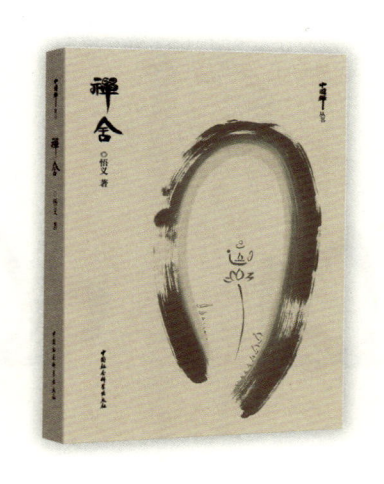

**禅修系列**
## 《禅舍》

《禅舍》似言房舍，实论禅"舍"之法。居"舍"禅修，由"舍"契禅。

"舍"是法，"禅"是心，舍它个无漏，无为为法，方契合无相禅心。"舍"，是最大的藏，藏生于法，藏意于心。藏天下于天下，藏财富于生意，藏生命于众生。

灯无尽，藏无尽，灯灯无尽，唤醒生命。

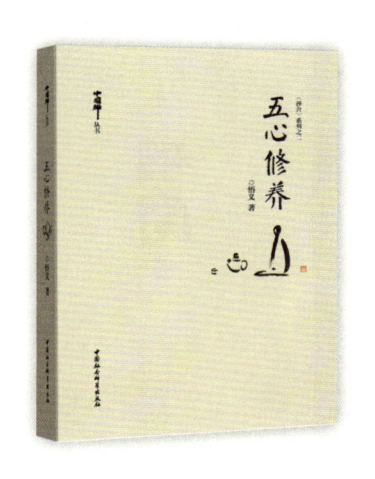

## 禅修系列
## 《五心修养》

开篇作者以博大恢弘的视角，全方位追溯了中华文明五千年的历史渊源与辉煌，以及中华文明的古老智慧所具有的当代意义。

"五心修养"是将人之习气分为地、水、火、风、空五类，从而对应地、水、火、风、空五种修养法，是"中国禅"修养者的共修法。

其实质是通过六根清净法净化身心，借用禅法之力帮助初修者卸载冗繁的旧有程序，重启生命自净化系统，唤醒生命的活力。

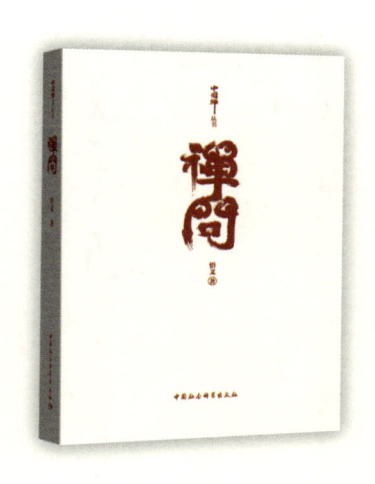

"中国禅"讲座系列
## 《禅问》

  修者参禅问禅；

  师者应机破机。

  答非答，问非问；

  答亦答，问亦问。

  此书是2016年腾格里沙漠月亮湖等三次"中国禅"讲座问答之汇编。

  全书三十六问答，浅入深出，理趣含密；答在问中，无前无后；任取一页，当有所会。

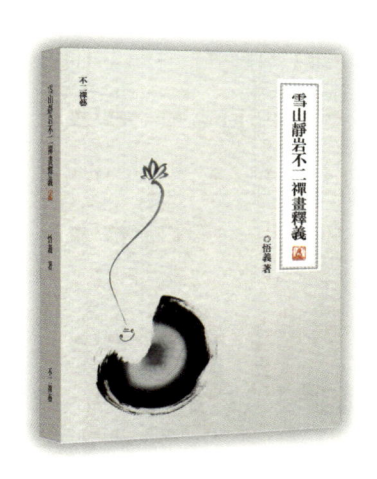

**禅艺系列**
## 《雪山静岩不二禅画释义》

  一支如椽大笔,世出世间不二。

  一点浓淡水墨,时空任运往来。

  禅,不可说;却,可画、可意、可道、可契、可印心。

**禅艺系列**
# 《不二禅颂》

从禅颂印度起源，至中国之演化，到日韩之发展，史海钩沉，本文梳理禅颂渊源、脉络，直契禅颂声法的根底，将这一微妙的修法呈阅修者。

生命能量与宇宙能量如何连接？气机如何生发、转化？音声的无量无尽奥妙如何表达？何为如沐春风？声法的震动与人体的关系如何？

愿各位有缘听闻不二禅颂的善知识，循声得度，自利利他！